Metsien maa

Tuula Hockman

Metsien maa

Keskiajan historiaa

Kustantaja: BoD™ – Books on Demand, Helsinki, Suomi
Valmistaja: Books on Demand GmbH, Norderstedt, Saksa
ISBN: **978-951-568-365-6**

ESIHISTORIA

JÄÄN JA VEDEN VUOSITUHANNET

Jään ja veden maailma

Jää peitti pohjoisen Euroopan alueita sadantuhannen vuoden ajan. Kahdeksantoista tuhatta vuotta sitten sää alkoi lämmetä ja jää alkoi sulaa. Sekä jää että sen sulamisvedet peittivät vielä pitkään laajoja alueita ja jättivät jälkensä maaperään ja maisemaan. Ikivanha kallio kului tasapintaiseksi ja uurteiseksi samalla kun vapaasti virtaavat ja lainehtivat vedet kuljettivat irtainta maata, savea, hiekkaa, kiviä ja suuria irtolohkareitakin uusiin paikkoihin. Harjut muodostuivat.

Kun vesi vetäytyi ja maa kohosi syntyivät järvet, niistä ensimmäiset Suomen itäisimpään (kaakkoisimpaan) kolkkaan jo yli 12 000 vuotta sitten. Sisä-Suomen suurten järvien arvellaan kuroutuneen merestä noin 9000 vuotta sitten. Tämän jälkeen vesistöt ovat muuttuneet monin tavoin. Pieniä ja matalia järviä on kasvanut umpeen. Myös vesistöjen virtaussuunnissa on tapahtunut muutoksia. Suurten järvien, Saimaan, Päijänteen, Pielisen ja Näsijärven vedet laskivat kaikki aluksi luoteeseen. Maan kohoaminen tällä suunnalla sai vesistöt kallistumaan ja lopulta tulviva vesi synnytti uusia lasku-uomia etelän ja kaakon suuntaan. Esimerkiksi Päijänteen vedet alkoivat virrata Heinolanharjun läpi nykyiseen Kymijokeen 6900 vuotta sitten. Näsijärven vedet puhkaisivat uuden uoman Pyynikinharjun läpi 7500 vuotta sitten ja Pyhäjärveen laskeva Tammerkoski oli syntynyt. Saimaan nykyinen laskujoki Vuoksi syntyi 5700 vuotta sitten.

Maan kohoaminen jatkuu edelleen, vaikkakin hitaasti. Sisämaassa muutos on vähäinen, mutta rannikolla muutoksen huomaa. Perämeren rannikolla maa kohoaa yhden metrin sadassa vuodessa, Suomenlahden rannikolla 30 senttimetriä samassa ajassa.

Jää ja vesi olivat hallinneet maisemaa tuhansien vuosien ajan. Tuuli oli puhaltanut aavan ja avaran maiseman yli. Vähä vähältä yhä enemmän maata oli jäänyt pysyvästi veden pinnan yläpuolelle. Ensimmäiset, ensimmäisiin luotoihin juurtuneet kasvit olivat vähäisiä ja maanmyötäisiä varpuja, vaivaiskoivuja ja pajuja.

Tämä varhainen maisema, johon vasta matala ja vaatimattoman näköinen kasvillisuus oli ehtinyt saapua, vesien lakeudet (Ancylusjärvi) ja vuolaat joet, ovat aivan kuin se maisema, jota suomalaisen kansanrunouden myyttirunot maailman luomisesta kuvaavat.

Tällaisen maiseman yllä kaarteli kansanrunon sotka[1], "suora lintu". Tällaisesta maisemasta se saattoi juuri ja juuri löytää pesän sijan. Kansanrunon kertoman mukaan sija järkkyi Luonnottaren liikahtaessa, sotkan kirjavainen muna rikkoutui ja osa siitä lennähti taivaalle. Päivä, pilvet ja öiset tähdet olivat syntyneet:

"Mi munassa ylistä kuorta
ylisiksi taivasiksi
mi munassa alista kuorta
alisiksi on moa-emiksi,
mi munassa on valkiaista
sepä on kuusi taivosella,
mi munassa on ruskiaista
ne on päiväks taivosella,
mi munassa on kirjavaista
nep on taivosen tähiksi,
mi munassa on mustukaista
ne on pilviksi taivosella."

Toisissa runoissa kerrotaan, miten Väinämöinen on muotoillut merenpohjan ja loitsuissa kuullaan

---

[1] Jossain runon versioissa lintuna mainitaan kotka, joissain joutsen.

tulen synty. Karhun synnystä on oma runokertomuksensa.

Nämä muinaista, arkaaista kulttuuria kuvastavat kertomukset ovat ainutlaatuiset. Myytin kerronta on jäykkää, niukkailmeistä ja yksivakaista, mutta siinä kuvastuu salaperäinen vakavuus. Myyttirunot ovat hyvin vanhaa perinnettä, mutta niiden syntyaikaa ei pystytä arvioimaan. Niiden tunnelma tuntuu kuitenkin sopivan tuhansien vuosien takaiseen avarien vesien maisemaan.

Kun Suomen kansan vanhoja runoja kirjoitettiin muistiin, ne yleensä esitettiin laulettuina. Niihin siis liittyi sävel. Suomalaiseen kansanmusiikin kuuluisimpia soittimia on kantele, mutta myös monet erilaiset huilut ja pillit vaatimattomasta pajupillistä ovat olleet soittimina alkaen. Pajupilli on ollut tunnettu jo tuhansia vuosia ennen ajanlaskumme alkua, mahdollisesti ainakin vasarakirveskulttuurin aikana, noin 2500 eaa. Soitto on kuulunut jo hyvin varhaiseen aikaan. Kymmenentuhannen vuoden takaisiin Antrean kalastajan tarvikkeisiin kuului jo joutsenenluonen huilu. Ehkä sillä houkuteltiin metsästettäviä lintuja, ehkä soitettiin ilon vuoksi. Huilu on yhdessä kalastajan tarvikkeiden kanssa löytynyt Antreasta 1900-luvun alussa.

Metsä

Vuosituhansien kuluessa jääkauden jälkeiset vellovat vedet rauhoittuivat. Salmet kapenivat ja mataloituivat. Vähä vähältä enemmän ja enemmän Suomen maaperää paljastui veden alta. Vedestä vapautuva maa sai lämpenevästä ilmastosta johtuen matalien koivujen lisäksi peitokseen pähkinäpensaita ja muita lehtipuita, vehreälehtisen jalavan, lepän, tammen ja lehmuksen.

Havupuista ensimmäisenä maahan juurtui mänty, kahdeksan tuhatta vuotta sitten. Kuusen tumma vihreä alkoi sävyttää Suomen maisemaa noin kuusi tuhatta vuotta sitten, kun viilentynyt ilmasto loi edellytykset sen menestymiselle. Lehtipuut ja myös mänty tekivät tilaa kuuselle ja kun kolmetuhatta vuotta oli kulunut, oli kuusi saavuttanut pohjoisimmankin Suomen. Vielä tuhat vuotta ja meille tuttu suomalainen tummasävyinen, lehtipuiden paikoin sävyttämä havumetsä oli muotoutunut. Se ulottui Suomenlahden ja Pohjanlahden rannoilta läpi maan, pohjoiseen Lappiin saakka. Sen kuva heijastui järvien, lampien ja jokien vesissä.

Kymmenentuhannen vuoden takaista kalastajaa, jolle Antreasta löytynyt huilu oli kuulunut, seurasivat muut niin kutsutut ensitulokkaat. He saapuivat samalta suunnalta kuin kalastajan oletetaan saapuneen, virolaisen Kundan kulttuurin alueelta, kaakosta ja etelästä. Tulijat olivat metsästäjiä, joita kiinnosti metsän suurriista. Ravinnon saannin kannalta tärkein saaliseläin oli hirvi, ei peura, kuten ennen on uskottu. Villipeuraa pyydystettiin vain Lapissa, jonne asti ensitulokkaat saapuivat 7000-luvulla ennen ajanlaskumme alkua.

Pyydystettiin myös pienempää riistaa, kettuja, jäniksiä, ja lintuja ja kevättalvisin norppia ja hylkeitä meren ja järvien jäillä, sulan ja jään reunoilla. Kvartsi, pii ja Äänisen viheriäliuske ovat olleet metsästyksessä ja kalastuksessa käytettyjen aseiden kärkinä kivikaudella. Pyöreät kivet ovat soveltuneet verkon painoiksi, muokatut kivet kirveiksi.

Riistaa on esihistorian vuosituhansina ollut runsaasti, mutta sen pyynnissä tarvittiin taitoa, onnea ja taikuuttakin. Maagisesta tarkoituksesta, pyyntionnen hankkimisesta ja myös hirven merkityksestä metsästäjille kertovat esihistorian viimeisten vuosituhanten ajoilta (3500 eKr–500 jKr) peräisin olevat kalliomaalaukset. Ne on maalattu punavärillä järvien äärellä oleviin sileisiin, pystysuoriin kallioseinämiin. Suomalaisten kalliomaalausten aiheina ovat hirvi, ihminen ja veneet sekä kämmenenkuvat. Yksinkertaisin viivoin piirrettyjen ihmishahmojen joukossa on sarvipäisiä shamaaneja tai haltioita ja naispuolisiakin hahmoja. Hirvimaalauksiin on toisinaan merkitty myös sydämen paikka – siihen oli metsästäjän osuttava.

Hirvi on aiheena myös veistosmaisissa kirveissä. Huittisten Palojoen hirvenpäähän, joka on valmistettu noin 5200 eaa, on ikuistettu iäkkään, jo kuolleen hirven muoto. Säkkijärveltä löytyneen hirvenpääveistoksen aiheena taas on ollut nuori ja virkku vasa. Myös metsäneläimistä kunnioitetuin, karhu, on aiheena kirveissä. Veistosmaiset työt kertovat sekä kiven käsittelyn taidosta että taiteellisuudesta ja todellisesta luonnon tuntemuksesta. Nämä kirveet eivät ole olleet arkisia käyttöesineitä, vaan niitä on todennäköisesti käytetty uhri- ja palvontamenoissa. Arkisia käyttöesineitä eivät ole olleet myöskään

13

sorsavartiset tai hirvenpäiset lusikat eivätkä saviset majava- ja käärmeidolit. Ne ovat maagisiin tarkoituksiin luotua taidetta.

METSÄN ASUKKAAT

Kivikausi – metsästäjät kaakosta ja etelästä

Aivan ensimmäiset tulokkaat, kuten kymmenen tuhannen vuoden takainen Antrean kalastaja, saattoivat olla vain käymässä kalastus- tai metsästysretkellä. Asutus kuitenkin ulottui aina maan pohjoisosiin saakka jo noin 7300 eaa. Mitään kerralla, lyhyessä ajassa tapahtunutta suomalaisten suurta muuttoa Volgan mutkasta ei ole ollut, niin kuin aikaisemmin lähinnä kielitieteellisin perustein uskottiin. Nykyinen käsitys on, että suomalaiset ovat tulosta jääkauden jälkeisestä tuhansien vuosien kuluessa ja kymmenien sukupolvien aikana tapahtuneesta vähittäisestä muutosta ja tulijoiden sulautumisesta yhdeksi kansaksi. Suomalaisista voidaan puhua ajanlaskumme alun aikoihin. Varhaisten tulijoiden pääsuunta oli kaakosta ja etelästä. Lappiin tosin saapui muuttajia Norjan rannikkoa pitkin Varanginvuonolle ja sieltä Inariin ja Utsjoelle jo joitain satoja vuosia ennen kuin nykyisen Suomen alueen läpi kulkeneet ihmiset olivat ennättäneet sinne. Tulijat olivat tottuneet suurriistan pyytämiseen jo lähtöseuduillaan. Ilmaston muuttuessa – lämmetessä – riistaeläimet hakeutuivat pohjoiseen uusille alueille, uusiin metsiin. Metsästäjät seurasivat niitä.

Runsaan kymmenen vuoden ajan on keskusteltu Kristiinankaupungin lähellä sijaitsevan Karijoen Susiluolasta, jossa on arkeologisten tutkimusten perusteella esitetty säilyneen merkkejä – mahdollisesti käsin käsiteltyjä kiviä ja jäänteitä nuotiosta – ennen viimeisintä jääkautta eläneistä Neandertalin ihmisistä (noin 125 000–75 000 vuotta sitten). Missään muualla Pohjoismaissa ei mannerjään peitossa olleella alueella ole säilynyt merkkejä ennen jääkautta eläneiden ihmisten toimista, eikä Susiluolan löytöjen tulkinnasta olla lainkaan yksimielisiä.

Kampakeramisesta vasarakirveskulttuuriin

Jääkauden jälkeisen kivikauden ajan suurimpia muutoksia arkeologisen löytöaineiston valossa ovat keramiikan käyttöön otto noin 5000 eaa alkaen ja nuorakeraamisen eli vasarakirveskulttuurin vahva vaikutus kaksi tuhatta vuotta myöhemmin, 3200–2300 eaa.

Keraamisten astioiden käyttöönotto kivestä, puusta ja luonnonkuiduista valmistettujen esineiden rinnalle on selkeä muutos, joka on yhdistetty esimerkiksi hylkeen pyyntiin. Antoivathan keraamiset astiat uusia mahdollisuuksia esimerkiksi hylkeiden rasvan ja lihan säilömiseen. Keramiikan kuviointi ja keraamisen massan koostumus ovat erilaisia eri alueilla eri aikoina ja ne heijastelevat kulttuurialueita ja niiden eroja. Kampa-, kuoppa- ja nuorakeramiikka ovat saaneet nimensä astioiden pintakuvioinnin mukaan, asbestikeramiikka taas keraamisen massan koostumuksesta. Säräisniemi 1 on yksi löytöpaikkansa mukaan nimetyistä keramiikkatyypeistä.

Keramiikka omaksuttiin Suomeen kaakosta. Erityisesti tyypillisen eli varhaiskampakeramiikan yhteydessä (tyypillisen kampakeramiikan kausi noin 3900 eaa – 3500 eaa) on pidetty mahdollisena uusien asukkaiden saapumista. Kyseessä voivat kuitenkin olla kulttuurivaikutteet.

Kampakeraamisen ajan asuinpaikat ovat jakautuneet ympärivuotisesti asuttuihin kylämäisiin keskusasuinpaikkoihin, ja pieniin, vuodenaikojen ja saaliseläinten vaihtelun mukaisen pyyntikierron aikana käytettyihin metsästäjien ja kalastajien leiripaikkoihin.

Nuorakeraaminen eli vasarakirveskulttuuri merkitsi uudenlaista keramiikkaa ja uudenmallisia aseita eli kivisiä vasarakirveitä vuoden 3200 eaa tienoilta alkaen läntisessä ja eteläisessä Suomessa. Tämän voimakkaan vaikutusaallon on katsottu merkitsevän uuden väestön saapumista Baltiasta. Mahdollinen uusi väestö sulautui nopeasti aikaisempaan kampakeraamiseen väestöön ja kampakeraaminen perinne säilyi vahvana. Myös kieli säilyi suomalais-ugrilaisena.

Esihistorian ajan suurimpia muutoksia on ollut maanviljelyn ja karjanhoidon alkaminen. Suomessa tämä muutos liitetään vasarakirveskulttuuriin. Mm. asuinpaikkojen valinta antaa viitteitä tästä. Asuinpaikat eivät enää sijainneet niin tiukasti vesien rannoilla, kuin aikaisemmin kivikaudella. Niiden lähellä on ollut hyviä niittyjä ja viljelyyn sopivaa maata. Karjanhoito ja ehkä myös alkeellinen ohran kaskiviljely ovat alkaneet tähän aikaan.

Metallikaudet – skandinaavinen vaikutus ja viikingit

Suomen läntisen rannikkoalueen kulttuureissa alkaa kivikauden lopulla, vasarakirveskulttuurin aikana näkyä merkkejä skandinaavisista yhteyksistä, erityisesti yhteyksistä Keski-Ruotsiin. Vielä enemmän skandinaavinen vaikutus voimistuu pronssikaudella (noin 1900 eKr–noin 0 jKr) länsi- ja etelärannikolla. Kyseessä on todennäköisesti ollut siirtolaisten maahanmuutto, mahdollisesti kaupankäynnin yhteydessä. Näistä siirtolaisista ja heidän kulttuuristaan kertovat rannikon kallioitten laelle irtokivistä rakennetut tuhannet hiidenkiukaat eli kiviröykkiöhaudat. Hiidenkiukaisiin liittyvät erityisesti Kymenlaakson rannikolla gotlantilaistyyppiset laivalatomukset.

Rautakauden ajalta eli ajanlaskun alusta noin vuoteen 1300 jKr on tietoja pienistä siirtolaisryhmistä etenkin Viron ja Ruotsin suunnalta. Ahvenanmaa, jonka ensimmäinen asutus

19

oli tullut Suomen suunnalta, ruotsalaistui 800-luvulla jKr. Skandinaavisen talonpoikaispurjehduksen reitit saavuttivat Suomenlahden itärannat ja Baltian viimeistään 700-luvulla jKr. Samoihin aikoihin alkaa Karjalan arkeologisessa aineistossa läntinen esineistö lisääntyä huomattavasti.

Varhaisista viikinkiretkistä voidaan puhua jo 800-luvun lopussa. Viikingit olivat kauppiaita, palkkasotureita ja rosvojakin. He matkustivat laajasti, he olivat eri ruhtinaiden palveluksessa ja pysähtyivät tilapäisesti eri keskuksiin. Viikingit olivat 800–1000-luvuilla laajalti kulttuuria, tietoja, tapoja ja esineitä, välittänyt ryhmä. Vaikka viikinkien retket ulottuivat Ruotsista Bysanttiin, kyse ei ollut suorista pitkän matkan kontakteista. Tuona aikana koko Koillis-Euroopan jokiverkosto muodosti pienten kulkureittien, kontaktiverkostojen ja markkinapaikkojen kudelman. Paikalliset asukkaat vaihtoivat erämaiden antimia lähimarkkinoilla, joista välittäjät keräsivät tuotteita viedäkseen niitä suurempina erinä seuraavan tason markkinapaikoille, joilta ne kuljetettiin edelleen kauemmaksi. Vastaavasti maksuina tai vastalahjoina annetut esineet kulkeutuivat ympäri laajaa maaseutua, niille ihmisille, joilta ostettiin tai vaihdettiin turkiksia ja riistaa.[2]

Viikinkien Suuren idäntien (Austrvegr) pääväyläksi muodostui 800-luvun kuluessa Olhavanjoki, jonne Suomenlahdelta pääsee Nevan, Laatokan ja Ilmajärven reittiä. Ilmajärvi on koko Pohjois-Venäjän vesireittien keskeinen risteys. Olhavanjoen kaupan keskuksena oli Staraja Ladoga 900-luvun lopulle saakka, jolloin Novgorod syrjäytti sen.

,

---

[2] KORPELA, Jukka 2002, Viipurin linnaläänin synty. Teoksessa Viipurin läänin historia II. Gummerus Kirjapaino Oy, Jyväskylä, 39 – 40.

Skandinavian kristillistyminen

Viikinkien toiminta muuttui vähitellen. Pitkistä kauppa- ja ryöstöretkistä luovuttiin. Sen sijaan viikingit hankkivat itselleen tukikohtia, joiden ympärille ajan mittaan muodostui ja perustettiin kokonaisia valtakuntia. Lännessä sellaisia olivat Brittein saarilla Tanskalaismaa, Ranskassa Normandia, Välimeren rannalla Sisilia, sekä idässä muinais-Venäjän valtakunta. Skandinaviassa alkoi muodostua kolme erillistä valtakuntaa, Tanska, Norja ja Ruotsi.

Kun Uudellemaalle ja Pohjanmaan rannikkovyöhykkeelle saapui ruotsalaisasutusta vuosina 1100–1250 jKr, oli kuningaskuntien muotoutuminen jo pitkällä Pohjoismaissa. Ruotsissa oltiin siirtymässä maakunnallisten pikkukuninkaiden ja päälliköiden ajasta yhden kuninkaan johtamaan valtakuntaan.

Skandinavian lähetystyö oli aloitettu 800-luvulla Münsterdorfiin perustetusta tutkikohdasta. Sittemmin lähetystyötä suunnitteli ja toteutti Hampurin piispaksi valittu munkki Ansgarius, joka mm. vieraili Uplannin Birkassa vuosina 829–830. Pian Ansgariuksen vuonna 865 tapahtuneen kuoleman jälkeen seurakuntaelämä Birkassa kuihtui. Käännytystyön vaiheet Ansgariuksen jälkeen ovat hämärän peitossa. Adam Bremeniläisen mukaan Hampuri-Bremenistä tullut piispa Unni oli yrittänyt elvyttää Ansgariuksen jättämää perintöä ja kuollut Birkassa vuonna 936. Pakanauskonnoilla oli Ruotsissa vankkaa kannatusta aina 1000-luvun vaihteeseen saakka.

Skandinavian kristillistäminen lähti uudelleen liikkeelle niiden viikinkien keskuudesta, jotka olivat asettuneet Länsi-Eurooppaan pitemmäksi aikaa 800-luvulta lähtien ja alkaneet kääntyä kristinuskoon. Vuodelta 914 on säilynyt paavi Johannes X:n kirje, jossa hän ilmaisee ilonsa viikinkien kääntymisestä. Vaikka osa heistä oli kastettu jopa useaan kertaan, he ikävä kyllä pitivät kuitenkin kiinni pakanallisista tavoistaan tappaen muita kristittyjä ja pappeja. Paavi kirjoittaa, että heidän kääntymisestään piti kuitenkin iloita ja osoittaa ymmärtämystä heidän rikkeitään kohtaan.

Skandinavian kristillistäminen eteni omaehtoisesti ja omalla painollaan, kun se Tanskassa, Norjassa ja Ruotsissa otettiin omiin käsiin. Pohjoismaisista kuninkaista kristinuskoon kääntyi ensimmäisenä Tanskan Harald Sinihammas noin vuonna 960.

Ensimmäinen kristitty ruotsalainen kuningas oli Olof *Skötkonung* (Olavi Sylikuningas, k. n. 1022). Hän oli myös ensimmäinen, joka tunnustettiin kuninkaaksi sekä Götanmaalla että Sveanmaalla. Vielä 1120-luvulla Ruotsissa pakanuus näytti voimaansa Sveanmaalla. Tuolla vuosikymmenellä kertoo legenda esimerkiksi Pyhän Botvidin saaneen surmansa Sveanmaahan kuuluvassa

Södermanlannissa. Botvid oli ruotsalainen ylimys, joka oli Englannissa tullut kristityksi ja myös ottanut siellä kasteen. Kyse ei välttämättä ollut vanhan ja uuden uskonnon välisestä ristiriidasta, vaan pikemminkin reaktioista voimistuvaa maallista ja kirkollista organisoitumista vastaan. 1120-luvulla on lisäksi ollut valtataistelua vanhan Stenkilin kuningassuvun sammuttua aina siihen saakka kun Sverker vanhempi on valittu kuninkaaksi noin vuonna 1130.

Kristinuskon asema oli kuitenkin jo vakiintumassa ja kuninkaan ja kuningaskunnan valta ulottui yhä laajemmalle – vähä vähältä myös Suomen alueelle.

Suomalaiset esihistorian ajan lopulla

Suomen alueella on esihistorian ja historiallisen ajan taitteessa arvioitu olleen 70 000 – 100 000 asukasta, suomalaisia. Suomalaiset eivät olleet vaeltaneet maahan muualta tulleena suurena ryhmänä Volgan mutkasta, kuten aikaisemmin lähinnä kielitieteellisin perustein uskottiin, vaan muodostuneet Suomen alueelle eri aikoina tulleista ihmisistä. Rannikon varsin nuorta ruotsinkielistä väestöä lukuun ottamatta asukkaiden kieli oli suomi ja oli jo pitkään, tuhansia vuosia, ollut suomalais-ugrilainen. Ajanlaskumme alun aikoihin katsotaan myöhäiskantasuomen jakautuneen suomen, karjalan, vepsän, vatjan, viron ja liivin kieliksi. Samaan aikaan voidaan nykyisen Suomen alueella asuvia ihmisiä alkaa kutsua suomalaisiksi.

Historiallisen ajan alkuun mennessä oli eteläiseen Manner-Suomeen muodostunut kolme asutuskeskittymää. Vanhin asutus oli Lounais-

Suomen rannikkoalueella, jossa asuivat varsinaiset suomalaiset, sekä sisämaassa Kokemäenjoen vesistön ja Päijänteen rannoilla, jossa asuivat hämäläiset. Laatokan luoteiselle rannalle ja Vuoksen alajuoksulle muodostui 800- ja 900-luvuilla karjalaisasutus. Lounais-Suomen asukkaiden nimitys tuli vähitellen merkitsemään koko Suomen kansaa.

Suomessa ei ole ollut ulkomaalaisten, esimerkiksi viikinkien tukikohtia tai siirtokuntia. Suomi erosi muusta Itämeren piiristä ja myös Ruotsista siinä, että maasta puuttui mahtimiesluokka. Ruotsissa tällainen mahtimiesluokka oli ja maakunnissa, kuten Sveanmaalla ja Götanmaalla, oli kuninkaat, ja vuoden 1000 tienoilla yhteinen kuningas. Vähä vähältä Ruotsin kuninkaan hallitsema alue laajeni, myös Suomeen.

Liittyminen Ruotsin valtakuntaan on yksi keskiajan alun kriteereistä Suomen historiankirjoituksessa. Toinen on kristinuskon omaksuminen ja roomalaiskatolisen kirkon organisaation alku maassamme. Nämä organisaatiot, valtakunnan hallinto ja kirkko toivat mukanaan kirjallisen kulttuurin, kirjoitustaidon. Tämä onkin kolmas kriteereistä: historialliselta ajalta on olemassa kirjallista lähdeaineistoa.

KESKIAIKA

Tarunomaisten ristiretkien aika

Ensimmäiset merkit kristinuskosta Suomessa
ovat yli tuhannen vuoden takaa, esihistorialliselta
ajalta. Aluksi kyse on varovaisista ja satunnaisista
kristillisistä kuvioista, symboleista ja teksteistä
haudoista löydetyissä aseissa, koruissa ja muissa
arvoesineissä muiden merkkien joukossa. Eräiden
vuoden 500 tienoille ajoittuvien lintuneulojen
symbolit on tulkittu kristillisiksi.[3] 700-luvun
jälkipuoliskon soljissa näkyy jo selvä ristikuvio.
Viikinkiaikaan eli noin 700-luvulta noin vuoteen
1000 on ajoitettu pyöreät kupurasoljet, joiden

---

[3] Kansainvaellusaikainen (400–600 jKr.) pronssinen lintuneula
on löytynyt Huittisista Vanha-Perttulan hautaröykkiöstä. Siinä
on Keski-Euroopassa käytössä ollutta kristillistä symboliikkaa.
Ristin ja Olavin kansaa. Keskiajan usko ja kirkko Hämeessä ja
Satakunnassa. Tampereen museoiden julkaisuja 55. Tampere
2000, 220.

keskuskuvio myös on kristinuskon keskeinen symboli, risti.

Vuoden 1000 tienoilta ovat varhaisimmat selkeästi kristilliset – esineettömät – hautaukset Suomessa. Nämä haudat ovat löytyneet vanhoista kylien tai talojen kalmistoista, joihin ne on sijoitettu pakanallisten hautausten joukkoon. Kylien ja talojen kalmistot olivat käytössä 1200-luvulle saakka, itäisessä Suomessa sen jälkeenkin, 1300-luvulle. Kun niiden käytöstä luovuttiin, elettiin jo uudenlaista aikaa ja kristilliset pitäjänkirkot kuuluivat maaseudun maisemaan.

1100-luvulla alkoi kirkon organisaatio muodostua Suomeen, Turun hiippakunta sai alkunsa. Kristinusko tuli vähitellen osaksi suomalaista ajatus- ja arvomaailmaa, suomalaista arkea ja juhlaa. Ruotsalaiset, jotka olivat itsekin vain hieman aikaisemmin vastaanottaneet kristinuskon omaehtoisesti ja rauhanomaisesti omien

kristinuskoon kääntyneiden hallitsijoiden

suosituksesta ja *ting*-kokousten päätösten kautta,

toivat uuden uskonnon ja valtansa Suomeen

pääosin rauhanomaisesti.[4]

Perimätiedon ja vanhimman suomalaisen

historiankirjoituksen mukaan Turun hiippakunnan

ensimmäinen piispa oli englantilaissyntyinen Henrik,

joka teki niin kutsutun ensimmäisen ristiretken

---

[4] KARJALA: Venäläinen Laurentius-teksti kertoo, että ruhtinas Jaroslav Vsevolodović (Jaroslav II) olisi lähettänyt kastamaan lähes kaikki karjalaiset vuonna 1227. Muut lähteet eivät kuitenkaan tue tätä kertomus, ei edes 1500-luvun Nikonin kronikka. Jukka Korpelan mukaan Karjalan arkeologinen lähdeaineisto ei indikoi mitään radikaalia uskonnollista muutosta 1200-luvun alkupuolella. Esineelliset haudat jatkuvat aina 1300-luvun alkupuolelle saakka. Korpela ei pidä vuoden 1227 kastekertomusta aitona. KORPELA, Jukka 2004, Viipurin linnaläänin synty. Teoksessa Viipurin läänin historia II. Gummerus Kirjapaino Oy, Jyväskylä, 60–61. – Unto Salo on toista mieltä. Hän on kirjoittanut: "Enemmän merkitystä oli sillä pakkokasteella, jonka Novgorod kohdisti Karjalaan 1227; se vakiinnutti siellä ortodoksisen uskon, varsinkin kun Sydän-Karjala jäi Novgorodin yhteyteen Pähkinäsaaren rauhassa 1323. SALO, Unto 1995, Kristinusko ennen kristinuskoa Suomessa. HAiK 1995, 12.

lounaisen Suomen rannikolle. 1500-luvulla elänyt piispa Paavali Juusten on Suomen piispoista kokoamassaan kronikassa kertonut piispa Henrikistä ja tuosta retkestä näin:

"Pyhä Henrik (1155–1156) oli syntynyt Isossa-Britanniassa, toisin sanoen Englannissa, oli Upsalan piispana (neljäntenä siinä arvossa) ennen kuin tämä kirkko korotettiin arkkipiispanistuimeksi. Kahden vuoden kuluttua hän Pyhän Eerikin seuralaisena tuli Suomeen käännyttämään suomalaiset totisen Jumalan tuntemiseen ja palvelukseen, ja kärsi itse vihdoin seuraavana talvena marttyyrikuoleman. Tämä tapahtui vuonna 1150. Suomalaisten hyvin tuntema legenda todistaa, minkä takia hän kärsi marttyyrikuoleman."

Suomalaisten tuntema legenda, piispa Henrikin legenda, kertoo, miten talonpoika Lalli surmasi piispan Köyliönjärven jäällä. Kun Lalli murhan jälkeen sovitti piispan hiippaa päähänsä, se tarttui kiinni ja hiippaa irrotettaessa irtosivat mukana Lallin hiukset ja päänahka. Seuraavana keväänä kerrotaan piispan sormen löytyneen järveltä jäälautalta ja se osoittautui ihmeitä tekeväksi. Piispa Henrikin hautapaikasta Nousiaisissa tuli pyhiinvaelluskohde, jonne johti Pyhän Henrikin pyhiinvaellustie. Kokemäellä oli mahdollista käydä hiljentymässä piispa Henrikin saarnahuoneessa.

Juustenin Suomen piispain kronikka julkaistiin ensimmäisen kerran jo vuonna 1728.[5] Kun sitten arvovaltainen Turun Akatemian professori H. G. Porthan julkaisi kronikan uudelleen laajana Suomen keskiajan kirkko- ja sivistyshistoriallisena tutkimuksena, joka ilmestyi useana väitöskirjana

---

[5] Suomen piispain kronikan on ensi kerran julkaissut vuonna 1728 C. V. Nettelblad "Schwedische Bibliothec" -nimisessä teoksessaan. H. G. Porthan julkaisi kronikan uuden painoksen laajana Suomen keskiajan kirkko- ja sivistyshistoriallisena tutkimuksena, joka ilmestyi väitöskirjoina 1784–1800.

vuosina 1784–1800, oli Suomen keskiajan varhaiset vaiheet kerrottu niin vakuuttavasti, että kuvausta on pidetty totena 1900-luvulle saakka. Piispa Henrikin ja Ruotsin kuninkaan Erik Jedvardinpojan, Erik Pyhän, ristiretkestä Suomeen tuli itsestään selvä osa maamme historiaa. Ristiretken kerrottiin tapahtuneen 1100-luvun puolivälissä ja suuntautuneen lounaiseen Suomeen.

Tämän ns. ensimmäisen retken olemassaolo voidaan kyseenalaistaa, koska lähdeaineisto on huomattavasti myöhäisemmältä ajalta eikä siten ole luotettavaa. Juusten oli ottanut tietoja kronikkaansa piispa Henrikin legendasta, ruotsalaisesta Erikin kronikasta ja kansanomaisesta Henrikin surmavirrestä. Piispa Henrikin olemassaoloakaan ei enää pidetä täysin todistettuna siitä huolimatta, että hänen nimissään olevaa reliikkiä – palasta kyynärvarren luusta – säilytetään Turun tuomiokirkossa. Alkuperäisen hautapaikan kerrotaan olleen Nousiaisissa. Jopa kuningas Erik Jedvardinpojan eli Pyhän Erikin olemassaoloa on epäilty.[6] Varhaisimmat seurakunnat ovat kuitenkin olleet juuri lounaisessa Suomessa. Kertomus ristiretkestä siis heijastelee Ruotsin hallitsijan suojeluksessa todella tapahtunutta varhaista kirkon organisoitumista, vaikka se yksityiskohdissaan ei vastaisikaan todellisuutta.

Jos ensimmäiset piispat ovatkin tarumaisia, kuten pyhimykseksi julistettu Pyhä Henrik, tai toiset 1100-luvulle sijoitetut piispat, Rodolfus ja Folquinus, niin 1200-luvun alkupuolella toiminut piispa Tuomas (1220-luvulta vuoteen 1248) on jo todellinen henkilö. Hänen aikanaan on seurakuntia

---

[6] Vrt. artikkelit teoksessa *Pyhä Henrik ja Suomen kristillistyminen.* 2007. Toim. Helena Edgren, Tuukka Talvio & Eva Ahl. Suomen Museo 2006. Suomen Muinaismuistoyhdistys. Glossa – Keskiajan tutkimuksen seura. Helsinki. – TAITTO, Ilkka 2002, Huomioita liturgisesta sisällöstä. Teoksessa Graduale Aboense 1397–1406. Näköispainos käsikirjoituskatkelmasta. Suomalaisen Kirjallisuuden Seuran toimituksia 856. Helsinki, 229.

muodostunut laajalle alueelle eteläiseen ja lounaiseen Suomeen. Kun varhaisimmat kirkot olivat olleet yksityisten mahtimiesten kustantamia, osallistuivat seurakunnan kirkon kustannuksiin ja rakentamiseen koko seurakunnan kaikki talot, yleensä kymmeniä taloja. Nämä maksoivat myös papin palkan ja kymmenysveron piispalle.

Toinen ristiretki

Edellä mainittu ruotsalainen 1320- ja 1330-luvulla kirjoitettu Erikin kronikka kertoo paitsi ensimmäisestä myös toisesta ristiretkestä. Kronikan mukaan ruotsalainen ylimys Birger Jarl teki tämän ns. toisen ristiretken 1200-luvun puolivälissä Hämeeseen. Näin kertoo kronikka:

"Perillä kristityt laskivat satamaan;
lukemattomain kultakeulain määrää
mahtoivat pakanat olla näkemässä,

itselleen murheeksi eikä huviksi.
Kristityt menivät lippuineen maihin,
heille luonnisti siellä hyvin.
Heidän kilpensä ja kypäränsä välkkyivät,
kautta maiden kulkeissaan;
He tahtoivat halusta mitellä miekkojaan
pakanallisten Hämäläisten kanssa
...
Hämäläiset pakenivat;
pakanat hävisivät, kristityt voittivat.
Ken heistä hyvällä suostui
kristityksi rupeamaan ja kasteen ottamaan,
hän sai pitää tavaransa ja henkensä
...
Kristityt rakensivat sinne linnan,
asettaen siihen ystäviään ja lähimmäisiään.
Linnan nimenä on Hämeen linna (Tafwesta
borg),
josta pakanoilla vielä on huolta,
maa miehitettiin kristityillä,
ja, niin kuin oletan, siten on vieläkin..."[7]

Erikin kronikka on kirjoitettu 70–80 vuotta

toisen ristiretken oletetun tapahtuma-ajan jälkeen

ja sen tarkoituksena on ollut legitimoida Birger

---

[7] Lainaus otettu Julius Ailion teoksesta "Hämeen linnan esi- ja rakennushistoria". AILIO, Julius 1917, Hämeen linnan esi- ja rakennushistoria. Hämeenlinnan kaupungin historia I. Hämeenlinnan kaupunki, Hämeenlinna, 54–55.

Jaarlin dynastiaa ja siihen kuuluvaa vielä pikkulapsen iässä ollutta kuningasta Maunu Erikinpoikaa. Jälleen voi epäillä, vastaako kuvaus todellisia tapahtumia. Retki tai retkiä Hämeeseen on mahdollisesti tehty, mutta kyse on todennäköisesti ollut rauhanomaisesta hallinnon järjestämisestä.

Hämeen linna kuitenkin todella perustettiin 1200-luvun puolivälissä samoin kuin Turun linna. Tämä sopii yhteen sen kanssa, että Ruotsin kuningaskunnan katsotaan varsinaisesti syntyneen 1100-luvun jälkipuoliskolla, kun olosuhteet kuningaskunnassa rauhoittuivat. Keskitetyn kuninkaan vallan rakentaminen ja kirkollisen vallan vakiinnuttaminen olivat tiiviissä yhteydessä keskenään. 1100-luvun puolivälissä oli mahdollista aloittaa kuninkaan vallan laajentaminen Sveanmaan ja Götanmaan ulkopuolelle. Sata vuotta myöhemmin kuninkaanvallan edelleen vahvistuessa linnojen rakentaminen hallinnon alueellisiksi keskuksiksi tuli mahdolliseksi. Se oli myös välttämätöntä hallinnon – verojen keräämisen – toteuttamista varten. Tämä todellisuus näkyy kuvauksissa kahdesta ensimmäisestä ristiretkestä Suomeen.

Pähkinäsaaren rauha 1323

Kolmanneksi ristiretkeksi nimetty retki vuodelta 1293 on todennettavissa kirjallisessa lähdeaineistossa, mutta tämäkin retki liittyy laajempaan kokonaisuuteen ja laajempaan tapahtumaketjuun, taisteluihin, joita käytiin Laatokan ja Nevan seudun hallinnasta Ruotsin ja Novgorodin välillä. Vuonna 1292 ulottui yksi novgorodilaisten sotaretkistä Hämeeseen. Piispa Maunu I (piispana 1291 – 1308), joka on ensimmäinen varmasti tunnettu Turun piispana

39

toiminut henkilö, myönsi sen johdosta
verohelpotuksen hämäläisille. Sotaretket jatkuivat.
Vuonna 1293 suomalaiset tekivät sotaretki itään, ja
kesällä 1293 ruotsalaiset purjehtivat Karjalaan
marski Torgils Knutinpojan ja Västeråsin piispan
johdolla. Tämän nk. kolmannen ristiretken
seurauksena perustettiin Viipurin linna.

Linnan rakentaminen ehkä provosoi
novgorodilaiset uusiin sotaretkiin, joista monet
suuntautuivat pitkälle Viipurin linnan selustaan.
Vuoden 1311 sotaretkestä kertoo niin kutsuttu
ensimmäinen Novgorodin kronikka:

"Vuonna 1311, Novgorodilaiset menivät sotaan
ulkomaalaisten maahan, meren taakse, Hämäläisiä
vastaan, ruhtinas Dmitri Romanovitschin keralla, ja
kuljettuaan yli meren, he ottivat ensiksi
Kauppajoen, polttivat kylät ja vangitsivat päälliköt,
mutta karjan he tappoivat. Ja siellä sai surmansa

Konstantin, Iljin Stanimirovitshin poika, takaa-ajaessaan. Sitte he ottivat koko Mustanjoen ja niin tulivat Mustaa jokea myöten Vanain linnalle (*gorod*), ottivat linnan ja polttivat sen; mutta muukalaiset pakenivat päälinnaan (*detinetsh*); se paikka oli sangen luja ja vankka, (sijaiten) kivisellä (kallioisella) kukkulalla, jonne ei ollut mitään pääsyä miltään puolelta; ja he lähettivät terveisiä, pyytäen rauhaa. Novgorodilaiset rauhaa eivät antaneet, ja jäivät 3:ksi päiväksi ja 3:ksi yöksi, hävittivät piirikuntaa, polttivat isoja kyliä, ajelivat (kokoon) kaikki rikkaudet, mutta karjasta eivät jättäneet jälelle sarveakaan. Ja sitte mennessään he ottivat Kavgalan joen ja Pernan joen, ja lähtivät merelle ja tulivat terveinä kaikki Novgorodiin."[8]

Seitsemisen vuotta Vanain linnalle ulottuneen retken jälkeen, vuonna 1318, novgorodilaiset hävittivät Turkua ja Lounais-Suomea. Sota jatkui

---

[8] FMU 265. – Lainauksen suomennos: AILIO 1917, 70.

vuonna 1323 solmittuun Pähkinäsaaren rauhaan saakka. Tämä rauha, jossa Ruotsi ja Novgorod sopivat valtakuntien välisen rajalinjan, päätti vuosikymmeniä jatkuneen kilpailun ja sodankäynnin alueen omistuksesta.

Linnavuoret ja vanha suomalainen yhteiskunta

Edellä oleva nk. ensimmäisen Novgorodin kronikan katkelma kertoo hyökkäyksestä Vanain linnaan. Vanain linnaa kuten muitakin retken kuvauksessa mainittuja paikannimiä on pyritty sijoittamaan maastoon. Mitä jokia pitkin novgorodilaiset tulivat, mikä oli Mustajoki, mikä Kavgalan, mikä Pernan joki ja missä sijaitsi Vanain linna? Vanajavesi joka tapauksessa on Hämeessä ja sen rannalla kohoaa Hämeen linna. Vanajaveteen laskee Hiidenjoki, jonka luona on Hakoisten linnavuori on.[9] Kronikan kuvausta Vanain linnasta on soviteltu sekä Hämeen linnaan että Hakoisten linnavuoreen.

Maaston kuvaus sopii paremmin linnavuoreen. Se muodostuu kahdesta osasta, vuoren laesta ja alempana olevasta tasanteesta. Laelle pääsee vain yhdeltä sivulta pientä polkua alemmalta tasanteelta. Vuoren laella on jäänteitä kivimuurista ja kahdesta rakennuksesta. Alatasanteella on kaivo, jälkiä tasannetta suojanneesta penkereestä ja pienestä rakennuksestakin.[10] Julius Ailio puhuu

---

[9] Hakoisten linnavuori sijaitsee keskellä vanhaa viljelysseutua lähellä Kernaalanjärveä, jossa yhtyvät neljää jokea pitkin Hattulasta, Rengosta, Lopelta ja Hausjärveltä saapuvat vedet. Kernaalanjärvestä ne laskevat Hiiden- eli Turenginjokea pitkin Vanajaveteen. Hakoinen on nyt kilometrin päässä Kernaalanjärvestä, mutta 1300-luvun alussa se on sijainnut järveen pistävällä niemellä. AILIO 1917, 84.

[10] Nimitykset päälinna ja esilinna ovat Julius Ailion tekstistä. Päälinnan rakenteet ovat Ailion mukaan pohjaltaan kolmiomainen 2,2–2,5 m vahvuinen osin kivestä, osin tiilestä rakennettu suojamuuri. Päälinnan eli linnavuoren laen koilliskolkassa on ollut 2-huoneinen 27 x 12 metrin suuruinen

43

päälinnasta ja esilinnasta vuoren lakea ja alatasannetta tarkoittaen.

Hakoinen ja muut muinaislinnat eli linnavuoret ovat luonnon muovaamia jyrkkärinteisiä, kallioisia mäkiä. Osalla niistä on tavattu jälkiä muurirakenteista. Edellä oleva novgorodilaisen kronikan katkelma antaa myös kuvan varhaisen keskiajan sodankäyntitavasta. Hyökkääjä hävitti reitiltään kaiken mahdollisen, erityisesti karjan. Hyökkäyksen kohteeksi joutuneet vuorostaan pyrkivät vetäytymään turvaan linnavuorelle ja viemään sinne mukanaan myös karjan. Pysyvä miehitys ei ole ollut hyökkääjän tavoitteena tällaisella pitkälle selustaan ulottuneella sotaretkellä. Kuten kronikka kertoo, linnavuorta piiritettiin muutama vuorokausi (tässä kuvauksessa kolme yötä ja kolme päivää), jonka jälkeen

mahdollisesti kaksikerroksinen rakennus, jossa on ehkä ollut tulisija. Lisäksi on ollut pienempi rakennus. AILIO 1917, 84–86.

hyökkääjä nopeasti vetäytyi hävittäen jälleen kaiken mahdollisen tieltään. Kuvaus sopii sekä novgorodilaisten että suomalaisten ja ruotsalaisten sotaretkiin.

Vuoden 1311 sotaretken vuodenajaksi Julius Ailio ehdottaa talvea. Suomalaiset joet ovat vaikeakulkuisia ja Suomenlahdelta Hämeeseen tultaessa matkalla on monia pitkiäkin maakannaksia. On helpompaa edetä talvella, jolloin meri ja joet ovat jään peittämiä.[11] Kevättalvella saattaisi hankikelikin suosia hyökkääjää.

Linnavuorten käyttö esimerkiksi Hämeessä ja Satakunnassa ajoitetaan väljästi ristiretkiajalta keskiaikaan, noin vuoden 1025 paikkeilta noin vuoteen 1300 jKr. Hakoisten linnavuoren uskotaan olleen käytössä myöhään, 1300-luvun alkupuolelle saakka. Suomessa linnavuoria tunnetaan noin 90 ja

---

[11] AILIO, Julius 1917, 74.

Ruotsissa peräti noin tuhat. Linnavuorien käyttö päättyy kruunun hallinnon muodostumisen ja vahvistumisen aikoihin.

Kansallinen historiankirjoitus Suomessa on tulkinnut linnavuoret eli muinaislinnat suomalaisten oman, esihistoriallisen ajan "itsenäisyyden" merkeiksi. Ruotsissa oli maakunnallisia kuninkaita ennen kuin yhden kuninkaan johtama kuningaskunta oli muodostunut. Samanlaisia maakunnallisia kuninkaita on haettu Suomen menneisyydestä. Hämeessä sijaitseva Sääksmäen Rapolan linnavuori esimerkiksi on tulkittu Hämeen heimon keskuslinnaksi. Tätä tulkintaa näyttäisi tukevan vuodelta 1340 peräisin olevan asiakirjan maininta Rapolan kuninkaasta, *Cuningas de Rapalum*.[12] Suomalaisessa talonpoikaisessa yhteisössä kuningas-sana kuitenkin on voinut tarkoittaa esimerkiksi kalastus- tai eräretken

---

[12] FMU 467.

johtoon valittua tai asettunutta miestä. Puhutaan esimerkiksi nuottakuninkaista. Rapolan kuningas onkin yksi asiakirjassa mainituista talonpojista.

Yhteistoimintaa vaativat tietenkin myös sota- ja hävitysretket samoin kuin puolustautuminen vihollisen hyökkäyksiä vastaan. Tutkimuksessa vallitsee kuitenkin yksimielisyys siitä, että Suomessa ei esihistoriallisena aikana ollut syntynyt omia maallisia mahtimiehiä, jotka asemaltaan olisivat olleet verrattavissa ruotsalaisiin kuninkaisiin – tämä osaltaan teki varsin rauhanomaisen yhdentymisen Ruotsin kuningaskuntaan mahdolliseksi.

Suomessa oli esihistoriallisen ajan päättyessä ja historiallisen ajan alkaessa kolme asutuskeskittymää: suomalaiset lounaisosassa maata, hämäläiset Kokemäenjoen ja Vanajaveden alueella ja karjalaiset Laatokan lähistöllä. Maakunnista ei kuitenkaan ollut kyse. On todennäköistä, että keskiajalta – historialliselta ajalta – tunnetut suomalaiset maakunnat on muodostettu uuden ruotsalaisen hallinnon tai katolisen kirkon kanssa tehtyjä sopimuksia varten. Siihen viittaa se, että viiden vanhimman Suomen alueen maakunnan sinetit ovat aiheiltaan kristilliset. Varsinais-Suomen sinetissä on Jumalan äiti lapsineen, Hämeen sinetissä ristiinnaulittu Kristus sekä Ahvenanmaan, Uudenmaan ja Satakunnan sineteissä Pyhä Olavi.

Ruotsissa maakunnat olivat syntyneet esihistoriallisena aikana. Vanhimpien ruotsalaisten maakuntien sinettien aiheet liittyvät kuningassukuihin tai joidenkin maakuntien kohdalla näiden maakuntien tunnuksiin, jotka tunnetaan ajalta ennen Ruotsin kuningaskuntaa.

Itäraja – sota metsästä

Keskiajan loppupuolella Suomen (Ruotsin) itäraja muuttui rauhattomaksi. Pähkinäsaaren rauhan solmimisen aikaan vuonna 1323 pääosa suomalaisesta asutuksesta oli eteläisessä Suomessa. Sisämaassa ja pohjoisessa oli erämaita, joihin tehtiin metsästysretkiä esimerkiksi Hämeen ja Satakunnan talonpoikaiskylistä. Väkiluvun kasvaessa asutusta ja viljelyksiä perustettiin lisää sisämaan metsiin. Kun kuningas Maunu Erikinpoika vuonna 1334 julisti viljelemättömät maat kruunun omaisuudeksi ja kehotti kaikkia halukkaita niitä asumaan ja raivaamaan, oli Ruotsin kruunu ottanut erämaiden asuttamisen suojelukseensa. Uudisasukkaiden ensimmäinen kohde oli Savo, ja sieltä uudisasutus suuntautui sisämaan metsiin ja pohjoisemmaksi Oulujoen vesistöä kohti ja sitä seuraten aina Pohjanmaalle saakka. Asutus ylitti nopeasti

Pähkinäsaaren rauhan rajan. Sotaiset yhteenotot leimasivat 1400-luvun Karjalan ja Savon rajaseutua, eivätkä ne jääneet huomaamatta myöskään Novgorodissa, Venäjällä.

Tilanteen kärjistymisestä kertovat uudet linnat. Vuonna 1475 aloitti Viipurin linnanherra Erik Akselinpoika (Tott) Olavinlinnan rakentamisen Savoon. Ruotsin emämaan puolella linnojen määrä ei Engelbrektin kapinan jälkeen ollut enää palannut edes entiselleen, mutta Suomeen rakennettiin Olavinlinnan jälkeen 1500- ja 1600-luvun taitteessa vielä kaksi uutta linnaa, Oulun linna ja Kajaanin linna. Tilanne Suomessa olikin erilainen. Uudet linnat rakennettiin Pähkinäsaaren rauhan rajalinjan pohjoispuolelle – alueelle, jonka hallussapidosta Venäjän ja Ruotsin välisissä sodissa oli kyse seuraavien sadan vuoden ajan. Iivana III:n johtama Venäjä oli lopullisesti valloittanut kauppavaltio Novgorodin vuonna 1478, eikä Moskovan Venäjä halunnut antaa Savon, Oulun seudun ja

Pohjanmaan liukuvan Ruotsin kruunun haltuun.

Syksyllä 1495 siirryttiin kahakoinnista rajalla

täyteen sotaan. Tämän sodan ajalta ovat

ensimmäiset kirjalliset tiedot väenotoista

Suomessa. Syksyllä 1495 otettiin "mies talosta"[13] ja

määrättiin heidät Suomen puolustuksesta

vastanneen Knut Possen komentoon.

Vuosien 1495–1497 Venäjän sodan

kuuluisimmat taistelut käytiin Viipurin linnan luona.

Venäläisten yritys saartaa Viipurin linna raukesi

Pyhän Andreaan päivänä, 30. marraskuuta 1495

tapahtuneessa taistelussa, niin kutsutussa "Viipurin

pamauksessa". Sotaa käytiin myös metsissä linnojen

välillä. Olavinlinnasta johdettiin syksyn 1495

mittaan Venäjän Karjalaan sota- ja hävitysretkiä,

---

[13] Toisessa kirjeessä mainitaan "joka viides mies". Piispa
Maunu Särkilahden kirjeet, jotka on päivätty 5.10.1495. FMU
4623, FMU 4624.

joihin Savon talonpojat osallistuivat. Muualtakin maasta kotoisin olevat talonpojat vartioivat kulkureittejä Karjalan metsissä. Kun venäläiset "Viipurin pamauksen" jälkeen vetäytyivät, palasivat talonpojat metsistä koteihinsa. Talvi oli tullut aikaisin ja se oli "kylmä ja kauhea" ja se oli koetellut miehiä. "He ovat niin kylmissään ja nääntyneitä, että kun he pääsevät sisään lämpimään, he kaatuvat kuolleina maahan. Ja jotkut kaatuvat kuolleina maahan saatuaan ruokaa. Heidän silmänsä olivat suuret kuin lautaset", kuvaa talonpoikien kärsimystä Turun piispa Maunu Särkilahti kirjeessään vuoden 1496 tammikuulta valtionhoitaja Sten Sture vanhemmalle ja Upsalan arkkipiispa Jacob Ulvinpojalle.[14]

Metsästä olivat vartijat poistuneet ja tammikuussa 1496 pääsikin venäläisten ratsumiesten nopea hävitysretki esteettä

---

[14] FMU 4651.

etenemään lähelle Olavinlinnaa ja sieltä Hämeeseen saakka. Turun linnasta lähdettiin heitä karkottamaan, mutta hävitystyön tehtyään he olivat nopeasti lähteneet takaisin Venäjälle. Keväämmällä venäläiset ulottivat retkensä Tornion kautta Pohjanmaalle Kalajoelle saakka – alueelle, joka jäi Venäjän puolelle Pähkinäsaaren rauhan rajalinjaa. Kesällä 1496 puolestaan ruotsalaiset hyökkäsivät venäläisten vasta rakentamaa Ivangorodin linnaa vastaan. He saivatkin linnan valloitettua, mutta poistuivat saman tien.

Rauha tehtiin seuraavana vuonna, eikä rajaan tullut muutoksia. Uudisasutus Karjalassa ja sisämaassa pysyi ja laajeni. Kiista rajasta kiristi Ruotsin ja Venäjän välejä vielä sadan vuoden ajan. Asutus oli havaittu parhaaksi keinoksi todistaa kiistanalaisten erämaiden kuuluminen Ruotsin valtakuntaan. Sitä tukemaan kruunu perusti Tavinsalmen kuninkaankartanon aivan selävsti

Venäjän puolelle. Oulujärvelle asutus syntyi 1550-luvulla kruunun pakkotoimin, kun 140 perhekuntaa määrättiin siirtymään Sydän-Savosta noin 400 kilometrin päähän Kainuuseen.

Kiista rajasta oli pääkysymyksenä Kustaa Vaasan Venäjän sodassa 1555–1557. Sota alkoi kevättalvella vuonna 1555 ja ensimmäinen suuri yhteenotto oli maaliskuussa Kivennavalla. Tuhansien miehien joukkoja liikuteltiin puolin ja toisin, mutta sekä venäläisten hyökkäys Viipurin linnaa vastaan että ruotsalaisten hyökkäys Pähkinälinnaa vastaan epäonnistuivat. Sota muuttui rajaseutujen ryöstelyksi ja sissisodaksi. Savon rajaseutua, Kainuuta ja Pohjois-Pohjanmaata hävitettiin ankarasti. Sota päättyi Novgorodissa 25. maaliskuuta 1557 allekirjoitettuun rauhansopimukseen, missä rajaan ei tullut muutoksia, joskin vaatimukset rajan tarkistamiseen sisältyivät siihen.

Muutokset rajaan tehtiin vasta seuraavan sodan eli 25-vuotisen Venäjän sodan (vuosina 1570–1595) jälkeen. Tämän jälkimmäisen sodan kuluessa venäläisten lähes vuosittain tapahtuneet hävitysretket Oulujärven seudulle tuhosivat siellä olevan asutuksen täysin vuoteen 1585 mennessä. Täyssinän rauhassa 1595 raja vedettiin Karjalasta Lappiin, ei enää Pohjanlahteen.

TURUN HIIPPAKUNTA

Piispat

Tarunomainen piispa Henrik sai vahvan aseman Suomen kirkon historiassa, hänestä tuli Turun hiippakunnan suojeluspyhimys, kuten Erik Jedvardinpojasta tuli koko Ruotsin suojeluspyhimys Erik Pyhä. On mahdollista, että Henrik on 1200-luvun kuluessa kehittyvän hiippakunnan tarpeisiin keksitty mielikuvitushahmo, sillä piispa Henrikin kultista ei tiettävästi ole säilynyt mitään todisteita 1100-luvun puolelta. Tuomas Heikkilän mukaan tällaisia keksittyjä pyhimyksiä tunnetaan useita muualta Euroopasta. Piispa Henrikin kultti on ollut olemassa viimeistään 1200-luvun alkupuolella ja saman vuosisadan lopulla se on kehittynyt voimakkaasti. Latinankielinen Henrikin legenda lienee laadittu 1200-luvun lopulla.[15]

Turun piispa Tuomas 1200-luvun alkupuolella on jo todellinen henkilö. Ensimmäinen suomalaissyntyinen piispa oli Maunu I, joka vihittiin piispaksi vuonna 1291.[16] Maunu I:stä alkaen kaikki hiippakunnan keskiaikaiset piispat olivat suomalaissyntyisiä. Turun piispalla oli nyt jo linnansa tai ainakin kartanonsa. Maunu päiväsi kirjeensä Kuusistossa, *jn Custu*, marraskuun 7. päivänä 1295[17]. Hänen kaudellaan, vuonna 1300, vihittiin käyttöön Turun tuomiokirkko. Hiippakunnassa otettiin myös käyttöön Pyhän Henrikin liturgia.

[15] HEIKKILÄ, Tuomas 2005, Pyhän Henrikin legenda. Suomalaisen Kirjallisuuden Seuran Toimituksia 1039. Suomalaisen Kirjallisuuden Seura. Helsinki, 78–80.
[16] Maunu I kuoli vuonna 1308 ja hänet haudattiin Turun tuomiokirkkoon.
[17] REA 17.

Keskiajan lopulla Turun hiippakunnassa oli hieman yli sata seurakuntaa, 103. Useisiin seurakuntiin oli myös myöhäiskeskiajalla rakennettu kivikirkko, joita on säilynyt 60.

Kun dominikaanit perustivat Pyhän Olavin nimeä kantavan luostarin Turkuun vuonna 1249, oli suomalaisten mahdollista alkaa opiskella omassa maassa. Tästä eteenpäin Turun hiippakunnan papit koulutettiin Turussa. Hiippakunnassa pyrittiin yhdenmukaisuuteen. Papit kokoontuivat vuosittain Turkuun synodikokouksiin, joissa he saivat ohjeita tehtäviinsä seurakunnissa. Piispa teki puolestaan tarkastusmatkoja seurakuntiin ja valvoi mm. kirjojen ja koristeiden hankkimista seurakuntien kirkkoihin.

Piispan valtuuksiin kuului mm. päättää hiippakunnassa vietettävistä pyhimysten juhlapäivistä.

Turun hiippakunnan keskiaikaisen pyhimyskalenterin pohjana oli 1330-luvun dominikaanien kalenteri. Sen jälkeen kalenteria täydennettiin itsenäisesti. Vuonna 1488 valmistui Turun hiippakunnan messukirja, jossa säädeltiin mm. pyhimysten juhlapäivien viettoa. Tuomiokirkon kalenteria tuli noudattaa sekä seurakuntakirkoissa että hiippakunnan alueella toimivissa luostareissa. Keskiajan loppuun mennessä Ruotsissa oli viitisenkymmentä luostaria, näistä Turun hiippakunnassa kuusi: dominikaaneilla oli konventit Turussa ja Viipurissa, fransiskaaneilla Viipurissa, Raumalla ja Kökarissa sekä birgittalaisilla Naantalissa.

Kansanopetus ja pyhimysten suojelus

Piispa valvoi myös kansanopetusta seurakunnissa. Keskeisen osan katolisen kirkon kansanopetuksesta muodostivat Apostolinen uskontunnustus eli *Credo*, Isä meidän -rukous ja Ave Maria -rukous. Kymmenen käskyä opetettiin kaikille. Nämä luettiin äidinkielellä jokaisessa jumalanpalveluksessa, vaikka messu oli latinankielinen. Papeilla piti olla nämä perususkonkappaleet kirjoitettuna, jotta he lukivat ne samalla tavalla joka kerta. Lukutaidottoman kansan oli siten helpompi oppia ne. Saarnoja pidettiin äidinkielellä.

Roomalaiskatolisen kirkon pyhimyslegendat tulivat tutuiksi saarnoissa ja legendoissa, joita kerrottiin pyhimysten juhlapäivinä kirkoissa. Kirkon holvien ja seinien maalaukset ja veistokset olivat aina läsnä kertomassa pyhää historiaa ja pyhistä henkilöistä. Kristus, Neitsyt Maria ja hänen äitinsä Pyhä Anna on kuvattu kaikissa kirkoissa ainakin veistoksissa. Apostolien vakavat hahmot on kuvattu maalauksina monessa myöhäiskeskiajan kirkossa. Tätä pyhää joukkoa täydentävät pyhimykset, veistoksina ja maalauksina.

Suuri osa eniten kunnioitetuista pyhimyksistä oli yhteisiä koko roomalaiskatoliselle kirkolle, ja oli peräisin kristinuskon ensimmäisiltä vuosisadoilta. Näihin alkukirkon pyhimyksiin kuului mm. seitsemän marttyyrineitsyen ryhmä, joista Aleksandrian Pyhä Katariina on ollut Suomessa erittäin suosittu. Kristuksen hikiliinaa kannatteleva Pyhä Veronica kuuluu samaan ryhmään.[18] Nämä *pääneitsyet* olivat ajallisesti ja paikallisesti kaukana

---

[18] Pyhimyslegendoista ja pyhimysten kuvaustavoista taiteessa ks. esim. ATTWATER, Donald 1983, The Penguin dictionary of Saints. Second edition. Penguin Books Ltd, Harmondsworth, Middlesex tai KELLER, Hiltgart L. 1987, Reclams Lexikon der Heiligen und der biblischen Gestalten. Legende und Darstellung in der bildenden Kunst. 6., durchgesehene Auflage. Philipp Reclam jun., Stuttgart.

– he olivat eläneet Välimeren alueella 700–800 vuotta ennen kristillisen kirkon juurtumista suomalaisten keskuuteen. Suurten uhraustensa ja täydellisen synnittömyytensä vuoksi heitä pidettiin edelleen voimallisia auttajina maallisen elämän vaivoissa ja vaikeuksissa. Heidän puoleensa saattoi kuka tahansa kääntyä ja pyytää heidän apuaan.

Alkukirkon marttyyrien rinnalle asettuivat keskiajan vuosisatoina luostarien perustajat, hurskaat munkit ja nunnat, sekä ritarien keskiaikaan sopivina myös ritaripyhimykset. Suosituimpia ritaripyhimyksiä koko Euroopassa on ollut Pyhä Yrjänä. Hänet on tunnettu Pohjoismaissa lähetysajasta alkaen, mutta erityisen suosittu hän oli myöhäiskeskiajalla. Hänen legendaansa on kuvattu sekä kirkkojen maalauksissa että veistoksissa. Veistoryhmiin on kuvattu Yrjänän lisäksi rukoukseen polvistunut prinsessa sekä pahuuden symbolina lohikäärme, jota Yrjänä juuri on surmaamassa. Yrjänä itse kuului tarujen

maailmaan[19], mutta ritarit kuuluivat Suomessakin

erityisesti myöhäiskeskiajan todelliseen maailmaan.

Kristinusko tuli vanhan pakanuuden rinnalle,

sysäsi pakanuutta syrjään vähä vähältä, mutta

varsin hitaasti, mutta ajan mittaan tehokkaasti. Kun

muinaisusko ja kristinusko usein solmiutuivat

yhteen loitsuissakin, ovat tietomme suomalaisesta

muinaisuskonnosta vähäisiä ja peittyvät

vuosisataiseen mielikuvien ja kerrostumien

kudokseen.

Kun Mikael Agricola uskonpuhdistuksen

vuosina, vuonna 1551, julkaisi Psalttarinsa, hän

sijoitti sen esipuheeseen luettelon hämäläisten ja

karjalaisten muinaisista jumalista: Rongoteus,

---

[19] Pyhän Yrjänän legenda on muuntunut moneen kertaan keskiajan kuluessa. Pohjoismaissa tunnettu legendan versio lohikäärmeineen on tiettävästi ensimmäisen kerran kuvattu taiteessa 1100-luvulla Esslingenin Frauenkirchessä. KELLER 1987, 250.

Pellonpecko, Wirancannos, Egres, Köndös, Ukko, Rauni, Käkri, Hijsi, Veden Emo, Nyrckes, Hittauanin. Jumalia oli enemmänkin ja kaikilla oli oma tärkeä tehtävänsä maataloudessa. Rongoteus antoi ruista, Pellonpecko takasi ohran kasvun, Wirancannos kauran, Nyrckes soi metsästäjälle oravat, Hittauan ajoi jänikset metsästäjän eteen. Agricolan aikana alettiin pakanallisia riittejä ja loitsuja kitkeä pois, mutta 1500-luvulla ne tunnettiin vielä hyvin.

Uskonpuhdistus pyyhkäisi puolestaan kirkon opetuksesta pois pyhimykset ja rukouksista Ave Marian. Mutta kaikki legendat eivät unohtuneet, eikä kaikkea tuhottu. Pyhimysten kuvat säilyivät kirkoissa, maalaukset toistivat veistosten kuvia ja legendat saivat vuosisatojen mittaan uuden kotoisen, suomalaiseksi muuntuneen muodon ja tulivat osaksi metsien maan elämää ja perinnettä. Suomalaisessa kansanperinteessä Pyhä Yrjänä eli Pyhä Jyrki tai Jyri ei enää suojele linnaa tai muurein varustettua kaupunkia tultasyöksevältä lohikäärmeeltä. Täällä hänet on nähty maanviljelijöiden ja karjanhoitajien auttajana. Kun karja laskettiin keväisin metsään ja metsäniityille, tarvittiin Yrjänän apua. Hän suojeli karjaa karhuilta ja sitoi keväällä, Jyrin päivänä, kiinni sudet, joiden uskottiin olevan hänen koiriaan.[20]

Neitsyt Marialla on vahva asema suomalaisessa kansanperinteessä, loitsuissa ja legendoissa. Muistiin merkityissä loitsuissa hänet mainitaan peräti 1500 kertaa. Hänet kuvataan ylimaallisena, kultaa hohtavana: Hän kantaa kultaista viittaa, hänellä on tulipunainen nauha hiuksissa ja kulta hohtaa hänen päänsä päällä. Kun hän rientää auttamaan – vaikkapa parantamaan nyrjähtänyttä jäsentä – hän voi liikkua ilman kenkiä, lentää hopeisena kyyhkynä tai kultaisena käkenä *kuun yli,*

---

[20] Mull on kourat kontiolta. Loitsuja ja taikoja. Koonnut Pirkko Sihvo. Suomalaisen Kirjallisuuden Seura. Helsinki, 1986.

auringon ali.[21] Suomalaisessa metsämaastossa tällainen kyky on aivan erinomainen. Suomalaisissa legendoissa Maria saa lapsensa puolukasta[22] ja aivan varmasti vain Suomessa Neitsyt Maria – Neitsyt Moarie emonen – käy saunassa auttamassa synnyttäjää.[23] Suomalaiseen metsämaisemaan on omaksuttu myös Kristus, Jeesus, joka kansanrunoudessa on kuvattu salvomassa taloa salolla.[24] Itselleen taivaan Jumalalle ollaan hyvin kohteliaita, hän on saanut kutsun saunaan: "Tule löylyhyn, Jumala, Isä ilman, lämpösehen"[25].

---

[21] VILKUNA, Kustaa 1981, Maria. Kulturhistoriskt lexikon för nordisk medeltid från vikingtid till reformationstid. (KLNM) 11:373–374.

[22] Esim. runossa *Luojan kuolema.* Kerääjä J. Fr. Cajan, keräyspaikka Akonlaksi, keräysvuosi 1836. Signum n. 46, n:o 1098. http://dbgw.finlit.fi/skvr/skvr.phtml 1.9.2011.

[23] Mull on kourat kontiolta, 19, 53.

[24] Legendat. Kansankertomuksia Suomesta ja Karjalasta. Toimittanut Irma-Riitta Järvinen. Suomalaisen Kirjallisuuden Seura. Helsinki 1981, 52.

[25] *Saunan löylyn varaaminen,* kertoja Miina Huovinen. Muitiinpanot Hietajärveltä. Kerääjä Sakari Jouhki 1904, 1910. Osa 14 n:o 699, signum n. 52/1904 ja n:o 699a, singum n. 115. Suomen Kansan Vanhat Runot. Suomalaisen Kirjallisuuden

Nämä runot, loitsut ja legendat on kirjoitettu muistiin 1800-luvun lopulla ja 1900-luvun alussa, monta sataa vuotta keskiajan jälkeen. Suomalainen kansa on pitänyt muistissaan sekä katolisen ajan rakkaiksi ja kotoisiksikin käyneet pyhät hahmot että vanhemman ennen kristinuskoa syntyneen maailmankuvan ja rakentanut niistä omaan ympäristöön ja elämänpiiriin sopeutuneen yhdistelmän.

Seuran digisivut osoitteessa
http://dbgw.finlit.fi/skvr/skvr.phtml 28.5.2010.

UUSI AIKA

KUSTAA VAASA RUOTSIN KUNINKAAKSI

Juuttikausi 1520–1523

Kalmarin unionin aika päättyi verisesti sotaan ja teloituksiin. Ruotsin valtionhoitaja Sten Sture nuorempi haavoittui taistelussa Tanskan Kristian II:n johtamia joukkoja vastaan ja kuoli pian sen jälkeen helmikuussa vuonna 1520. Tämän jälkeen tanskalaiset saivat helposti yliotteen. Vaikka rauha ruotsalaisten valtaneuvosten ja Kristian II:n välillä solmittiin maaliskuussa 1520, jatkoi Sten Sturen leski Kristina Gyllenstierna kamppailua tanskalaisia vastaan lokakuuhun saakka, jolloin hän luovutti Tukholman Kristian II:lle. Pian sen jälkeen, marraskuun 4. päivänä 1520 Kristian II kruunattiin Ruotsin kuninkaaksi. Juhla Tukholmassa muuttui julmaksi näytösluontoiseksi oikeudenkäynniksi.

Arkkipiispa Kustaa Trollen laatimien kerettiläissyyttösten perusteella juhliin tulleille ylimyksille langetettiin kuolemantuomioita, jotka toteutettiin välittömästi. Tässä ns. Tukholman verilöylyssä sai surmansa yli 80 henkilöä. Kuolemantuomiot ulottuivat myös Suomessa olevien linnojen ylhäissukuisiin johtomiehiin.

Tukholman verilöylyssä surmattiin myös Vaasa-sukuinen Erik Juhananpoika, tulevan Ruotsin kuninkaan Kustaa Vaasan isä. Kustaa Vaasa oli keväällä 1520 paennut sotavankeudesta Tanskasta ja palannut Lyypekin kautta ja salateitä Ruotsiin. Siitä alkaen hän oli yrittänyt nostattaa kapinaa tanskalaisia vastaan. Tieto Tukholman verilöylystä sai mielet kuohumaan Taalainmaalla, jossa talonpojat liittyivät Kustaa Vaasaan. Kapinalliset saivat Ruotsin sisämaan nopeasti haltuunsa, ja elokuussa 1521 Kustaa Vaasan valittiin Ruotsin valtionhoitajaksi. Kun Kristian II Tanskan sisäisten kiistojen vuoksi maaliskuussa 1523 karkotettiin omasta maastaan, Kustaa Vaasan asema helpottui. Hänet valittiin Ruotsin kuninkaaksi 6.6.1523 ja vielä tanskalaisten hallussa ollut Tukholma antautui.

M yös koko Suomi oli siirtynyt tanskalaisilta Ruotsin yhteyteen, kun Viipuri viimeisenä oli antautunut Erik Flemingin johtamille ruotsalaisille joukoille. Näinä Kalmarin unionin viimeisinä vuosina, niin kutsuttuna juuttikautena, Kristian II:n käskynhaltijana Suomessa toimi merisodassa Tanskan puolella mainetta saanut Severin Norby.

Kustaa Vaasan kuningaskunta

Kustaa Vaasan hallintoajalla oli talonpoikien kapinoita ensin 1520-luvulla ja uudelleen 1540-luvulla. Vallanvaihdoksen jälkeen Ruotsilla oli velkaa Lyypekkiin, josta Kustaa Vaasa oli saanut taloudellista tukea taistellessaan Kristian II:ta vastaan. Varojen kerääminen velan maksuun maassa, jossa samaan aikaan kärsittiin ruokapulasta, on ainakin yhtenä syynä Taalainmaan kapinoihin, *Dalaupproren,* vuosina 1525, 1527 ja 1531. Kapinoinnin taustalla ovat saattaneet vaikuttaa myös Sture-suvun valtapyrkimykset. Keskiajan lopun valtionhoitajathan olivat kuuluneet tähän sukuun. Kirkkoon kohdistuneet suuret muutokset, mm. luostarien lakkauttamiset ja kirkkojen varojen ja kalleuksien kerääminen kruunulle ovat Västeråsin vuoden 1527 valtiopäivien jälkeen nekin osaltaan olleet aiheuttamassa tyytymättömyyttä ja kapinointia. (1529 *Västgötaherrarnas uppror* ja Dacke-kapina vuosina 1542–1543.)

Kirkot ja luostarit olivat vanhastaan tuttu arvoesineiden hankintapaikka, kun kruunu tarvitsi rahaa. Toisin kuin keskiajan hallitsijat Kustaa Vaasa saattoi tukeutua Martti Lutherin teeseistä liikkeelle lähteneeseen reformaatioon. Arkkipiispa Kustaa Trollen toiminta Kristian II:n valtaannousun ja Tukholman verilöylyn yhteydessä on epäilemättä yhtenä syynä siihen, että Kustaa Vaasa teki perusteellisia muutoksia kirkon ja piispojen asemaan. Västeråsin valtiopäivien resessissä vuodelta 1527 päätettiin, että piispojen linnat siirtyvät kruunulle ja että piispoilla ei enää ole oikeutta aseellisiin joukkoihin. Piispat eivät myöskään enää saaneet osallistua valtioneuvoston kokouksiin. Kirkkojen ja luostarien omaisuus siirtyi kruunulle. Luostarit lakkautettiin. Samalta vuodelta olevassa Västeråsin ordinantia puolestaan antoi kuninkaalle kirkon johtoaseman. Kuningas myös valitsi piispat ja papiston.

Samaan aikaan Kustaa Vaasa uudisti myös maallista hallintoa. Muutoksia tapahtui sekä keskushallinnossa että sen alaisessa linnaläänihallinnossa eli voutikunnissa. Kustaa

Vaasa halusi luoda uudenaikaisen ja yhtenäisen valtiota, jota hallittiin pääkaupungista käsin. Keskiajalla pääkaupunkia ei ollut, vaan kuninkaan tai valtionhoitajan johtamat valtaneuvoston kokoukset pidettiin eri paikoissa, muun muassa Kalmarissa ja Tukholmassa.

Vaikutusvaltaiset, suunnattoman suuria maaomaisuuksia omaistavat ylhäisaateliset linnanherrat olivat olleet valtaneuvoston jäseniä ja pystyneet hyvin voimakkaasti vaikuttamaan siihen, kuka oli kuningas valtakunnassa. Ruotsissa kuningas valittiin keskiajalla Moran kivillä Upsalan lähellä, jossa uudelle kuninkaalle myös vannottiin uskollisuuden vala. Vala voitiin kumota, jos kuninkaan tiedettiin tai katsottiin toimineen maansa ja sen vapaiden miesten etuja vastaan. Tällaisessa tapauksessa myös kapina saattoi olla oikeutettu. Tätä mahdollisuutta käytettiin keskiajalla unionitaistelujen aikana usein hyväksi.

Tämän Kustaa Vaasa halusi muuttaa. Örebrossa vuonna 1540 Kustaa Vaasa otti vastaan aatelin ja papiston uskollisuudenvalan "sen voiman ja vallan nimessä, jonka Kaikkivaltias Jumala oli hänelle ja hänen ruhtinaallisille perillisilleen antanut". Vaasasuvun perintökuninkuus hyväksyttiin Västeråsin valtiopäivillä 13.1.1544 jolloin kuninkaan vanhin poika Erik julistettiin perintöprinssiksi. Ruotsista tuli perintökuningaskunta.

Linnalläänihallinto

Keskiajan ylhäisimpiin sukuihin kuuluneet linnanherrat olivat johtaneet myös Suomen alueen linnoja ja läänejä kuninkaan heille myöntäminä läänityksinä – alaisinaan voudit. Feodaaliseen tapaan linnanherrat olivat vannoneet kuninkaalle uskollisuuttaan. He olivat luvanneet pitää linnan hallussaan kuninkaan ja kruunun nimissä, huolehtia sen kunnossapidosta sekä puolustaa linnaa ja lääniään mahdollisia hyökkäyksiä vastaan.

Suomessa esimerkiksi Viipurin linna oli koko ajan läänitettynä, Raaseporin ja Kastelholman linnat myös suurimman osan aikaa. Uskollisinkin ylhäissukuinen linnanherra huolehti suuressa määrin myös omasta ja sukunsa eduista.

Linnanherran valtuudet olivat suuret – Viipurin linnanherran valtuuksiin kuului myös tuomiovalta – ja kaukana kuninkaasta sijaitsevissa linnoissa linnanherrojen valta kasvoi kuninkaan näkökulmasta liiankin suureksi. Pohjoismaissa linnat eivät kuitenkaan kulkeneet perintönä, vaan kuuluivat kruunulle. Linnanherran kuollessa linnan tuli palata kruunulle ja hallitsijan yhdessä vähintään neljän valtaneuvoksen kanssa piti päättää uudesta linnanherrasta. Viipurin linnanherra Erik Akselinpoika Tott, oli poikennut tästä 1480-luvulla siirtäessään testamentillaan Viipurin ja Olavinlinnat perinnöksi veljilleen, Raaseporin linnanherra Lars Akselinpojalle ja Gotlannin herra Ivar Akselinpojalle. (Läänit olivat meren takana Suomessa eikä valtionhoitajan ollut mahdollista välittömästi puuttua asiaan.) Tämä oli hallitsijan kannalta vaarallista kehitystä.

Linnanherrojen lisäksi keskiaikaiseen linnaläänihallintoon kuuluivat aina voudit, mutta linnanherrojen alaisina, jos lääni oli läänitetty. Oli joitain linnaläänejä, jotka lähes aina olivat suoraan hallitsijan alaisina ja siis vain voudin johtamina. Suomessa tällainen oli Turun linnalääni.[26]

---

[26] Dag Retsö ehdottaa, että Turun linna olisi ollut Erik Akselinpojalla vuodesta 1472 alkaen hänen kuolemaansa saakka, perusteena se, että ensimmäinen varma asiakirjamaininta kruunun hallinnosta on vuodelta 1482 eli vuosi Erik Akselinpojan kuoleman jälkeen. Tiedot puuttuvat näiden vuosien välistä. Turun linna on kuitenkin myöhäiskeskiajalla se Suomen linnoista, jonka hallussapito on eniten kiinnostanut kulloistakin hallitsijaa. Ks. RETSÖ, Dag 2009, Länsförvaltningen i Sverige 1434–1520. Stockholm Studies in Economic History 56. Acta Universitatis Stockholmiensis. Stockholm, 308–309.

Linnanherrojen aika linnoissa päättyi Kustaa Vaasan aikana ja linnoja hoitivat nyt pelkästään voudit alaisineen. He olivat virkamiehiä, joille maksettiin palkkaa. Voutien tehtäviin liittyi toinen suuri muutos: verojen keruun tehostaminen.

Valtakunnan hallinnon muutosta suunnittelemaan ja toteuttamaan kuningas kutsui Saksasta asiantuntijoita, mm. Konrad von Pyhyn. Saksalaisten kausi keskushallinnossa kesti vähemmän kuin kymmenen vuotta, mutta se loi pohjan uuden ajan valtiolliselle keskushallinnolle. Kustaa Vaasan ajan hallintotavassa ja toiminnassa näyttäisi olevan paljon samaa kuin häntä edeltäneiden Ruotsin myöhäiskeskiaikaisten valtionhoitajien. Esimerkiksi voudeilleen kirjoittamissaan kirjeissä kuningas puuttuu henkilökohtaisesti pienimpiinkin yksityiskohtiin linnoissa ja yksittäisten voutien toimissa ja tilityksissä, jopa jonkin linnan tileistä puuttuvien kanojen lukumäärään. Kustaa Vaasan kohdalla tämän voi nähdä pyrkimyksenä selvittää valtakunnan tila juurta jaksaen, yksityiskohtia myöten. Vain perusteellisen tiedon pohjalle laadittu uudistus saattoi kestää aikaa.

Verotulot ja kruunun menot tulivat tarkan valvonnan piiriin vuodesta 1538 alkaen. Ne luetteloitiin vuosittain tilikirjoihin, voudintileihin, joihin malli otettiin Saksasta. Tilikirjat, joihin sidottiin myös kuitit, kuljetettiin joka vuosi Tukholmaan tarkastettaviksi. Verotusta yksinkertaistettiin, mutta samalla verot nousivat. Suomesta kerättyjen verojen määrä kasvoi kymmenessä vuodessa kaksinkertaiseksi. Suomen osuus veroista oli keskimäärin 25–30%, 1500-luvun lopulla käydyn Ruotsin ja Venäjän välisen 25-vuotisen sodan aikana jopa 60%. Veroihin vaikutti jo sitä ennen vuosina 1555–1557 käyty nk. Kustaa Vaasan Venäjän sota.

Muutos vei aikaa, mutta se oli alkanut.

Kuningas ja Helsinki

Kruunun verotulojen kasvattaminen oli keskeinen syy ja tavoite Kustaa Vaasan uudistuksissa. Yhdeksi tavaksi kasvattaa kruunun tuloja katsottiin kaupan kehittäminen ja keskittäminen kaupunkeihin, joissa voitiin kerätä verot ja tullimaksut.

Keskiajan päättyessä Suomessa oli kuusi kaupunkia, Viipuri, Turku, Porvoo, Naantali, Ulvila ja Rauma, joista Viipuri ja Turku olivat vilkkaita. Vuonna 1528 Kustaa Vaasa perusti Tammisaaren kaupungin Raaseporin läänin hallinnolliseksi keskukseksi. Vuonna 1550 oli vuorossa Helsingin kaupungin ja kuninkaankartanon perustaminen. Paikalla olleet 20–25 talonpoikaista tilaa määrättiin muuttamaan muualle, kirkolta takavarikoiduille tiloille.

Uuteen kaupunkiin tarvittiin porvareita ja kuningas määräsi Rauman, Ulvilan, Tammisaaren ja Porvoon porvarit muuttamaan Helsinkiin. Ajatuksena oli, että muutama vilkas ja vauras kaupunki olisi parempi kuin useampi kituva pikkukaupunki.

Sekä tiloiltaan pois ajetut talonpojat että Helsinkiin muuttamaan määrätyt pikkukaupunkien porvarit olivat tyytymättömiä ja vetosivat voutien ohi kuninkaaseen. Helsingin talonpojista ainakin osa katsoi kärsineensä muutossa ja saaneensa entistä paljon huonomman tilan. Porvarit taas halusivat palata vanhoihin kaupunkeihinsa. Vetoomukset tuottivatkin tulosta. Vuonna 1552 kuningas määräsi, että Helsingistä pois muuttaneiden talonpoikien uusien tilojen oli oltava yhtä hyviä kuin entiset olivat olleet.[27] Porvarit saivat tahtonsa toteutumaan muutamaa vuotta myöhemmin. Kustaa Vaasa oli Helsingissä vuonna 1555 käydessään antanut porvareille luvan palata entisiin kaupunkeihinsa. Kun Venäjän sota vielä oli pari vuotta koetellut sekä Helsinkiä että sen vastentahtoisia porvareita, kuten koko maata, he saivat myös kirjallisen luvan paluuseen. Entiset Ulvilan porvarit tosin muuttivat asuinsijansa ja kaupankäyntinsä nyt Poriin. Maan kohoaminen oli saanut aikaan Ulvilan vanhan sataman mataloitumisen siten, että se ei enää soveltunut purjehtimiselle.

Helsinki oli perustettu myös hillitsemään talonpoikaispurjehtijoita, jotka kulkivat omia reittejään kaupunkeja välttäen eivätkä tuottaneet kruunulle mitään hyötyä. Syksyllä 1547 – muutama

---

[27] KGR XXII 1551, 241–242. – KGR XIII 1552, 327–328.

vuosi ennen Helsingin kaupungin perustamista –
hallitsija julkaisi kiellon talonpoikaispurjehdusta
vastaan. Ei auttanut kielto, eikä auttanut Helsingin
perustaminen. Arviolta noin kolmasosa 1500-luvun
kaupasta kulki vuosisadan lopullakin
talonpoikaispurjehtijoiden veneissä.

Kustaa Vaasa selvittää Suomen oloja

Vuosien 1555–1557 Venäjän sodan alkupuolella
Kustaa Vaasa saapui Suomeen ja viipyi vuoden
verran perehtyen maan oloihin. Hän viipyi erityisesti
Helsingissä, Viipurissa ja Turussa. Meneillään oleva
sota tietenkin vaati kuninkaan huomiota ja hän
antoikin Helsingin ja Viipurin voudeille määräyksen
hankkia mahdollisimman paljon heinää armeijan
käyttöön. Hän totesi myös, että Suomeen tarvittiin
karjakartanoita, joiden tuotto käytettäisiin tähän
tarkoitukseen.

Suomeen saapuessaan Kustaa Vaasalla oli jo tietoa Suomesta saatavista verotuloista. Jo Västeråsin valtiopäivien resessi vuodelta 1527 antoi kuninkaalle valtuudet takavarikoida liiallisiksi katsotut kirkon tulot ja tilat kruunulle. Örebron herrainpäivillä, jossa Kustaa Vaasa oli ottanut vastaan aatelin ja papiston uskollisuudenvakuutuksen päätettiin myös pitäjänkirkkojen kymmenysten peruuttamisesta siten, että se sai kaksi kolmannesta kymmenyksistä. Kaikkien pappien maksettavaksi määrättiin henkilökohtainen vero eli apuvero. Sen lisäksi papit määrättiin maksamaan linnaleiriveroa.

Voutien tuli myös selvittää, omistivatko papit, talonpojat tai kauppiaat niittyjä yli oman tarpeensa. Ylimääräiset niityt pitää ottaa kruunun käyttöön. Kruunun voudintilit alkavat vuodelta 1539 ja kirkollisten verojen luettelot kymmenisen vuotta myöhemmin, 1540-luvun lopulta tai 1550-luvulta. 1540-luvulta oli myös Mikael Agricolan laatima selvitys Turun tuomiokirkon ja papiston tuloista.

Suomessa Kustaa Vaasa antoi Jaakko Teitille määräyksen tehdä lisäselvityksen: selvittää aatelin toimia ja muutoinkin olosuhteita maassa. Vuosina 1555–1556 Teitti teki työtä käskettyä ja laati laajan selvityksen Suomessa toimivasta aatelista ja voudeista, valituksista heitä vastaan, väkivallanteoista maassa, myös talonpoikien välisistä. Sekä Teitin että voutien tehtävänä oli myös selvittää, omistivatko papit, talonpojat tai kauppiaat niittyjä yli oman tarpeensa. Niityt piti ottaa kruunun käyttöön, sota-aikana nimenomaan armeijan käyttöön.

Teitin selvitysten perusteella kuninkaalle – kruunulle – kuuluneiden maatilojen määrä Suomessa kasvoi nelinkertaiseksi, siten että vuonna

1557 kruunun tiloja oli 347. Menettäjiä olivat kirkot

ja luostarit. Lisäksi muutama pappi luovutti tilansa

kuninkaalle ainakin näennäisen vapaaehtoisesti:

Helsingin kuninkaankartanoon liitettiin vuonna

1556 vaihtokaupalla Herttoniemen maat, jotka

siihen saakka olivat kuuluneet Helsingin pitäjän

kirkkoherralle Carolus Folkqvinille. Raumalla ja

Eurassa kirkkoherrana toiminut Johannes Jacob

Wenne lahjoitti vuonna 1559 yhden tilan Maskusta

"armolliselle herttua Erikille" ja toisen tilan

Maariasta (Räntämäeltä, Vårfrukyrkosocken)

herttua Juhanalle – Kustaa Vaasan pojille.[28]

---

[28] Kirkkoherra Wennen lahjoitukset mainitaan seuraavassa:
Åbo stifts herdaminne 1554–1640. K. G. Leinberg. Suomen
kirkkohistoriallisen seuran toimituksia IV. Helsingfors 1903, s.
178.

MIKAEL AGRICOLA

Västeråsin valtiopäivien vuoden 1527 resessi merkitsi keskiaikaisen kirkon poliittisen ja taloudellisen itsenäisyyden murtamista. Piispat menettivät linnansa, luostarit ja kirkot maansa – liiallisiksi katsotut kirkon tulot takavarikoitiin kruunulle. Turun hiippakunnan viimeinen katolinen piispa Arvid Kurki oli hukkunut haaksirikossa heinäkuussa 1522. Piispan linna, Kuusisto, siirtyi Kustaa Vaasan haltuun vuonna 1523 ja se määrättiin purettavaksi vuonna 1528.

Uskonpuhdistus merkitsi myös toisenlaista muutosta, kansankieli oli saatava kuuluviin seurakunnissa. Suomessa se merkitsi kirjakielen luomista. Tämän työn uranuurtaja ja suurmies on Mikael Agricola – Suomen kirjakielen luoja, joka oli opiskellut Wittenbergissä.

Uskonpuhdistusajan alkuvuosina ruotsalaisten ja suomalaisten opinkäynti ulkomaisissa yliopistoissa lähes pysähtyi: opiskelijoita Ruotsista lähetettiin ulkomaille varoen ja valikoiden. Ruotsista Olaus Petrin nuorempi veli Laurentius Petri opiskeli kuninkaallisen stipendin turvin Wittenbergissä 1520-luvulla ilmeisesti jo luterilaisen kirkon johtotehtäviä varten. Hän kirjoittautui yliopistoon 23.10.1527, toimi palattuaan vuonna 1530 Upsalan koulun rehtorina ja vuonna 1531 hänet valittiin arkkipiispaksi. Suomesta ei lähetetty ainoatakaan opiskelijaa ulkomaille yli kymmeneen vuoteen, vuosina 1518–1530. Kun opiskelu ulkomailla jälleen alkoi, oli kohteena Lutherln Ja Melanchthonin Wittenberg.[29] Mikael Agricola opiskeli siellä vuosien

---

[29] Kaikki 1530–1550-luvuilla ulkomaille opiskelemaan lähteneet suomalaiset suuntasivat kulkunsa Wittenbergiin. Muutamat opiskelijat kirjoittautuivat sen lisäksi johonkin toiseen yliopistoon, ennen muuta Rostockiin. Lutherin ja Melanchthonin maineensa huipulle nostama *Academia Leucorea* oli kuitenkin kaikissa tapauksissa opintojen

1536 ja 1539 välillä Turun tuomiokirkon kustantamana.

Jo Wittenbergissä Agricola aloitti pyhien tekstien kääntämisen suomen kielelle. Vuonna 1534 ensimmäisenä Agricolan kirjallisena työnä ilmestynyt Aapinen eli *Abc-kiria* sisälsi sekin uskonoppia. *Rucouskiria Bibliasta* ilmestyi vuonna 1544 ja *Se Wsi Testamenti* vuonna 1548. Vanhasta Testamentista Agricola julkaisi mm. *Dauidin Psaltarin* vuonna 1551.

Psalttarin esipuheessa Agricola luetteli joukon suomalaisten – sekä hämäläisten että karjalaisten – pakanallisia jumalia, paheksui pakanallisten juhlien juopottelua ja niissä tapahtuneita häpeällisiä tekoja, mutta myös katolisuuteen kuuluvia pyhimyksiä ja

---

pääasiallinen kohde. NUORTEVA, Jussi 1997, Suomalaisten ulkomainen opinkäynti ennen Turun akatemian perustamista 1640. Bibliotheca Historica 27. Suomen Kirkkohistoriallisen Seuran toimituksia 177. Suomen Kirkkohistoriallinen Seura. Helsinki, 154.

"kuolleitten luiden" palvontaa. Tuli kumartaa vain Isää, Poikaa ja Pyhää henkeä niin kuin koko Raamattu todistaa, ja niin kuin teki myös Davidin Psalttari: *"Joskos sis Temen ottais ia lukeis/ racastais ia mieleses pidheis"*, kehotti Agricola.

Turun ja sen rinnalle vuonna 1554 perustetussa Viipurin hiippakunnassa seurakuntalaisille olivat sekä pakanalliset jumalat että katolisuuteen kuuluvat pyhimykset pitkään vähintään yhtä tuttuja kuin Agricolan Aapisen sisältö. Reformoidun kirkon periaatteisiin kuului uskonopin opetuksen lisääminen, mutta kirkon tulojen ja varallisuuden väheneminen asetti sekä hiippakunnan että seurakuntien toiminnalle rajoituksensa. Kirkkojen messu ja saarnat saivat äidinkielisen muodon ja vaikuttivat tietenkin vähitellen tietoihin puhtaasta kristinopista. Läsnäolo kirkossa ei kuitenkaan välttämättä merkinnyt tarkkaavaisuutta messun ja saarnan aikana, sillä järjestys kirkoissa ei aina ollut moitteeton. Esimerkiksi Raumalla on raastuvanoikeuden pöytäkirjaan 5. helmikuuta 1611 merkitty päätös, että se joka myy olutta papin ollessa kirkossa, menettää kaiken oluen tuoton ja hänet pantakoon vankeuteen, samoin se, joka pelaa korttia saarnan aikana.

Rauhattomuuteen koko maassa vaikutti epäilemättä sota-aika, 25-vuotinen Venäjän sota 1570 – 1595, ja 30-vuotinen sota 1600-luvun puolella.

Uskonpuhdistuskaan ei edennyt suoraviivaisesti. Kirkonmenoihin kohdistuvat muutokset oli aluksi toimeenpantu varovaisesti. Evankelinen opetus kaikui saarnatuoleista, katolisia juhlamenoja oli poistettu ja jäljellä olevat kirkolliset toimitukset olivat saaneet kansankielisen kaavansa, liturgian. Vuonna 1544 oli vielä aluksi käytäntöön jääneitä juhlamenoja poistettu. Uskonpuhdistajat erityisesti

Suomessa ovat nimenomaan opetuksillaan – ei pakkokeinoilla ja rankaisuin – koettaneet poistaa taikauskoisia käsityksiä juhlamenoista.

Kustaa Vaasan pojan Juhana III:n (kuninkaana 1568–1592) vuonna 1577 julkaisema Punainen liturgia, jumalanpalvelusjärjestys, joka sisälsi katolisia piirteitä, merkitsi osittaista paluuta entiseen. Erityisesti Ruotsissa liturgiaa vastustaneita pappeja erotettiin viroista ja vangittiin. Aikaisemmin puolestaan olivat liian katolismielisiksi katsotut papit saattaneet kokea saman kohtalon. 1550-luvulla oli esimerkiksi Johannes Pauli Montigena - niminen ruotsalainen pappi lähetetty sisäiseen maanpakoon Hämeen linnaan. Vankeus ei pappia lannistanut. Hämeen linnassa vankina ollessaan hän vuonna 1556 laati saarnakokoelman eli postillan sekä sunnuntaipäiviä että pyhimysjuhlia varten.[30]

_____

[30] HANSKA, Jussi 2000, Saarnaaminen keskiajan Hämeessä ja Satakunnassa. Teoksessa Ristin ja Olavin kansaa. Keskiajan usko ja kirkko Hämeessä ja Satakunnassa. Toimittaneet Marja-

Nuijasota

Kustaa Vaasa oli nimennyt poikansa Juhanan
Suomen herttuaksi vuonna 1556. Kustaa Vaasan
jälkeen oli kuninkaana ensin Erik XIV, jonka Juhana
syrjäytti 1568. Juhanan (kuninkaana Juhana III)
kuoltua marraskuussa 1592 uskontokysymys
kietoutui herttua Kaarlen (kuninkaana Kaarle IX) ja
Juhana III:n pojan, katolisen Sigismundin, taisteluun
Ruotsin kruunusta. Varmistaakseen luterilaisuuden
aseman maassa herttua Kaarle ja valtaneuvosto
kutsuivat helmikuussa 1593 Upsalaan koolle
kokouksen, johon osallistui neljä piispaa, 306
pappia, aatelisia ja kaupunkien edustajia.
Kokouksessa hyväksyttiinkin Saksan luterilaisen
kirkon yhteinen tunnustus, Augsburgin tunnustus,
myös Ruotsin ja Suomen kirkon kannaksi. Juhana

Liisa Linder, Marjo-Riitta Saloniemi, Christian Krötzl.
Tampereen museoiden julkaisuja 55. Tampereen museot.
Tampere, 136–137.

III:n liturgia hylättiin. Turun pappeinkokouksessa saman vuoden kesäkuussa tehtiin sama päätös.

Suomessa oli 1590-luvulla tyytymättömyyttä – katovuodet ja 25-vuotisen sodan koettelemukset rasittivat ihmisiä maaseudulla ja kaupungeissa. Sigismundin puolella ollut Suomen ja Viron käskynhaltija Klaus Fleming käytti tätä tyytymättömyyttä hyväkseen yllyttäen sitä piispaa ja pappeja vastaan ja puhuen Sigismundin puolesta. Turussa markkinoille kokoontunut kansa vaatikin Flemingin toiveiden mukaan kiihkeästi seremonioiden palauttamista.

Herttua Kaarlen ja Sigismundin väliseen valtataisteluun kietoutuu myös vuoden 1596 marraskuussa Pohjanmaalla puhjennut talonpoikaiskapina, Nuijasota. Kumpikaan ei ollut Suomessa kapinan taistelujen aikaan. Pohjalaisia talonpoikia oli käynyt Ruotsissa tapaamassa herttua

Kaarlea ja vetoamassa tähän linnaleirirasituksen poistamiseksi tai vähentämiseksi. On esitetty hänen kehottaneen talonpoikia ottamaan oikeuden omiin käsiinsä, ryhtymään kapinaan. Sigismund puolestaan oli Puolassa, ja hänen edustajanaan oli mahtava käskynhaltija Klaus Fleming.

Pientä, lyhytkestoista kapinointia oli useilla paikkakunnilla ennen Nuijasotaa. Rautalammin erämaapitäjässä 1592 – 1593 tapahtuneen kapinan ainakin yhtenä syynä pidetään raskaita pakko-ottoja 25-vuotisen sodan loppuvaiheissa. Nuijasota, joka alkoi sodan päätyttyä, oli mittakaavaltaan muita suurempi. Siihen liittyi tuhansia talonpoikia erityisesti Pohjanmaalla ja Savossa. Suurimmat taistelut käytiin vuoden 1596 lopussa Nokialla ja seuraavan vuoden alussa Padasjoella ja Juvalla.

Jaakko Ilkan johtamat talonpojat olivat varustautuneet nuijin, kirvein, keihäin ja jousin. Vaikka osalla heistä oli sotakokemusta pitkän sodan juuri päätyttyä, olivat heidän mahdollisuutensa Klaus Flemingin johtamia tuliasein aseistautuneita joukkoja vastaan huonot. Talonpojat kärsivätkin murskaavan tappion. Nuijasodan taisteluissa ja niitä seuranneissa kostoissa surmattiin 2500 – 3000 talonpoikaa. Flemingin joukkojen tappiot olivat vähäiset.

Suurten sotien edellä

Herttua Kaarle oli keväällä 1597 julistautunut Ruotsin valtionhoitajaksi. Syksyllä hän saapui Suomeen ensin Turun linnan edustalle, missä Klaus Fleming samoihin aikoihin oli menehtynyt. Kesti vielä useita vuosia ennen kuin Kaarlen ja Sigismundin valtataistelu useiden taistelujen ja käänteiden jälkeen päättyi Kaarlen voitoksi. Ruotsin kruunu siirtyi herttua Kaarlelle vuonna 1604. Kuninkaana hän oli Kaarle IX.

Uskonpuhdistuksen asema Ruotsissa oli vahvistettu. Vuoden 1595 Täyssinän rauhassa Ruotsin ja Venäjän välinen raja oli sovittu kulkemaan kohti Jäämerta. Itäisen rajan turvaamista oli vahvistettu rakentamalle Oulun linna Pohjanmaalle vuonna 1590 ja Kajaanin linna perustettiin 1600-luvun alussa. Katolisessa Puolassa oli kuitenkin Vaasa-sukuinen kuningas, jolla ainakin teoriassa oli oikeus vaatia Ruotsin kruunua. Sotatoimet Suomenlahden ja Itämeren eteläpuolella alkoivat jo Kaarle IX:n kuninkuuskauden aikana (kuninkaana 1604–1611) ja Kustaa II Adolfin johdolla Ruotsi liittyi eurooppalaiseen 30-vuotiseen sotaan.

Suomen talonpojille 1590-luku oli tuonut monia koettelemuksia. Heikot sadot olivat toistuneet useana vuonna. Pitkä 25-vuotinen Venäjän sota oli merkinnyt väenottoja, linnaleirejä ja vihollisten hävitystä. Nuijasota ja sitä seuranneet nuijamiesten kyliin ulottuneet Flemingin miesten kostot, väkivalta ja takavarikot, olivat painajaismaisia.

Heikkojen satojen ja raskaiden sotien lisäksi Suomen asukkaita koettelivat 1500- ja 1600-luvulla ajoittaiset kulkutautiepidemiat. On arvioitu, että Suomen puoleisen valtakunnan sotalaitos oli kehittynyt merkittävästi 25-vuotisen Venäjän sodan aikana. Heikoista, huonosti organisoiduista joukkioista oli tullut järjestynyt armeija, myös laivasto oli rakennettu. Suomalaisista joukoista on seuraavat tiedot: Kustaa Vaasan kauden loppuaikoina Suomessa oli 330 ratsumiestä ja 350 nihtiä eli jalkaväkeen kuuluvaa sotilasta. Kolmisenkymmentä vuotta myöhemmin, vuonna

1591 kalliiden ja raskasaseisten ratsumiesten määrä oli lähes viisinkertaistunut – heitä oli 1500 – ja nihtejä oli yli kymmenen kertaa enemmän, 4500. Myönteiseksi voi katsoa myös sen, että armeija antoi mahdollisuuden parantaa asemaa yhteiskunnassa, ja joillekin talollisille jopa mahdollisuuden nousta rälssisäätyyn. Ratsun varustaminen antoi verovapauden, mikä oli hyvä etu, varsinkin kun ylimääräinen verotus Vaasa-kaudella ja erityisesti sota-aikana kasvoi merkittävästi.[31]

1600-luvun sodat käytiin Suomenlahden ja Itämeren eteläpuolella, mutta sodan vaikutukset ulottuivat kotimaahan uusina veroina ja uusina väenottoina.

1590-luvun jälkeen Ruotsia ja Suomea odotti suurten sotien aika.

---

[31] KARONEN, Petri 1999, Pohjoinen suurvalta. Ruotsi ja Suomi 1521–1809. Werner Söderström Osakeyhtiö. Helsinki 155–156.